Liebe ist die Antwort

Swamini Krishnamrita Prana

Liebe ist die Antwort
von Swamini Krishnamrita Prana

Herausgegeben von:
    Mata Amritanandamayi Center
    P.O. Box 613
    San Ramon, CA 94583
    Vereinigte Staaten

———————— *Love is the Answer (German)* ——————

Erstausgabe: Februar 2015

In Deutschland: www.amma.de
In der Schweiz: www.amma-schweiz.ch
In Indien: www.amritapuri.org
        inform@amritapuri.org

Inhaltsverzeichnis

Das Thema für heute Abend ist
‚Liebe‘, und ebenso für morgen Abend.
Tatsächlich kenne ich kein besseres
Thema, das wir bis zu unserem
Lebensende diskutieren können.

– Hafiz

Kapitel 1

Verkörperte reine Liebe

"Wenn du erkennst, wie perfekt alles ist, wirst du den Kopf zurückwerfen und zum Himmel lachen!"

– Der Buddha

Amma erwähnt öfters, wir sollten nicht sagen: „Ich liebe dich", sondern stattdessen: „Ich bin Liebe." Dies ist einer der grundsätzlichen Ecksteine ihrer Lehre. Aber was heißt das eigentlich, Liebe zu SEIN?" Man kann das Konzept der Liebe mit Worten nicht wirklich verstehen. Aber wenn unser Herz von Unschuld und Mitgefühl erfüllt ist, werden wir Liebe erfahren können. Wenn wir Amma mit Demut und einem offenen Herzen beobachten, wird es uns möglich, direkt in die Essenz dessen zu tauchen, was sie sagt.

7

Wenn in unserem Herzen reine Liebe ist, gibt es kein Getrenntsein, alles wird einfach eins. Wir alle suchen nach dieser Liebe, aber sie ist gar nicht so weit weg. Eher wartet sie geduldig in jedem von uns. Wir sind dafür da, zu Liebe zu werden, aber wir neigen dazu, so viel Zeit damit zu verbringen, außerhalb unserer selbst zu suchen und allem anderen nachzujagen ohne die letzte Erfüllung zu finden. Stattdessen drängt uns Amma, unsere Negativitäten loszulassen und mit der reinen Liebe zu verschmelzen, die in unserem Herzen eingeschlossen ist. Das ist theoretisch so einfach, aber sehr schwierig zu tun.

Amma ist wie ein Fluss, der voller Güte ist. Ihre Größe liegt nicht nur darin, dass sie den letzten Zustand der Gottesverwirklichung erreicht hat, sondern weit darüber hinaus ein Leben des bedingungslosen Mitgefühls führt. Es ist einfach die Art und Weise, wie eine Mutter ihre Liebe ausdrückt. Ich erinnere mich daran, wie sie sich einst im Auto zu mir umdrehte und mit so viel Zuneigung über meine Schulter strich, als wollte sie damit sagen: „Ich möchte nur, dass du weißt, dass ich dich liebe." Es bestand überhaupt kein Grund dazu. Sie fließt manchmal einfach vor Liebe über – sie kann nichts dagegen tun. Ein andermal ließ Amma mich rufen und begann, über etwas zu sprechen. Nach einem kurzen Moment sagte sie: „Du kannst jetzt gehen. Ich habe Dein Gesicht in den letzten Tagen nicht gesehen und wollte Dich einfach sehen." Es ist Ammas Verlangen, jedermann auf irgendeine Art und Weise glücklich zu machen. Aus diesem Grund habe ich nie versucht, Aufmerksamkeit von ihr zu verlangen, denn ich weiß, dass Amma geben wird, was ich wirklich brauche.

Wenn unser Herz mit Liebe angefüllt ist, fließt es vor Mitgefühl über. Oftmals habe ich Amma sagen hören: „Mein Weg ist nicht für *moksha* (Befreiung), sondern zu lieben und der Welt zu dienen." Anfänglich verwirrte mich diese Aussage und ich dachte: „Wie kann ich dies irgendjemand weiter sagen? Alle werden so enttäuscht sein, weil sie denken, dass Befreiung das Ziel des Lebens ist. Dann hörte ich den zweiten Teil der Aussage: „Ein *sannyasi* muss seine eigene Befreiung vergessen. Er sollte bereit sein, in die Hölle zu gehen, wenn alle dadurch erhoben werden können." Da verstand ich, dass Amma vom höchsten Ideal sprach, nach dem wir streben können: Mitgefühl im Handeln. Unser Ziel sollte nicht sein, für unsere eigene Erhebung spirituelle Übungen zu machen, sondern eher die Welt zu lieben und ihr zu dienen, denn dies ist der höchste Weg. Anstatt zu beten: „Befreie mich von dem und dem", sollten wir beten: „Hilf mir, den göttlichen Willen anzunehmen und der Welt irgendwie zu dienen."

Mitgefühl ist unsere eigene wahre Natur. Leider ist sie für die meisten Menschen tief im Inneren verborgen, schlafend, jeglichem Zugriff entzogen und mit allen Arten von Schmutz bedeckt. Wenn wir in uns die wahre Natur der Liebe erwecken wollen, sollten wir nicht nur daran denken was wir erhalten, sondern auch, wie wir geben können. Anstatt uns nur auf das Bekommen auszurichten, sollten wir uns auch sehr bemühen, Mitgefühl zu geben, wo immer wir können. Wenn wir fortschrittliche Menschen sein wollen, müssen wir für alle Verständnis und Mitgefühl haben und ihnen so weit helfen, wie es in unseren Möglichkeiten liegt. Mitgefühl ist Ammas Philosophie. Sie hat für alle Liebe und Mitgefühl und lehrt uns durch ihr tägliches Beispiel.

Die meisten von uns können sich nicht vorstellen, wie ernsthaft Amma wünscht, uns alle glücklich zu machen. Es ist ihr Ziel, die Bedrückten von ihrem Leiden zu befreien. Jede einzelne ihrer Handlungen ist wahrhaft Seva, Dienst aus Mitgefühl. Amma lebt außerordentlich einfach - Einfachheit aus Liebe. Sie setzt die Bedürfnisse der anderen immer vor ihre eigenen. Sie wird z.B. nicht essen, bevor sie eine Dienstleistung an andere erfüllt hat. Die meisten Menschen nehmen zwei bis drei Mahlzeiten täglich zu sich – Amma höchstens eine, wenn überhaupt. Sie isst nie ein Frühstück bevor sie um 10 oder 11 Uhr morgens mit dem Darshan beginnt. (Darshan bedeutet eigentlich, den Guru sehen, aber Amma segnet die Menschen durch ihre Umarmung.) Sie fastet den ganzen Tag bis in die Nacht hinein und nimmt meist erst nach Mitternacht eine Mahlzeit zu sich. Wenn sie auf Reisen ist, kann der Darshan bis drei oder vier Uhr morgens oder länger dauern und auch so hält Amma ihr Fasten bis zum Ende ein.

Amma schläft selten mehr als einige Stunden pro Nacht und es gibt viele Nächte, wo sie überhaupt nicht zum Schlafen kommt. Sie verbringt dann jeden Moment damit zu dienen, sei es mit Umarmen von Menschen, mit Lesen der Hunderte von Briefen, die sie täglich erhält, der persönlichen Leitung ihrer unzähligen sozialen Einrichtungen sowie der Krankenhäuser, Waisenhäuser und Schulen, die sie gegründet hat und der Beratung ihrer Devotees. Amma hat buchstäblich die Probleme von Millionen angehört und sich auf jede mögliche Art darum gekümmert. Sie ging immer den dharmischen Weg der Selbstaufopferung und des Dienens aus Liebe.

Das ist ihr Leben: einfach zu geben. Amma verehrt jeden Menschen, der zu ihr kommt, nicht umgekehrt. Viele haben missverständlich angenommen, dass Amma wünscht, verehrt zu werden. Dies ist jedoch weit von der Wirklichkeit entfernt, ja beinahe lächerlich, wenn man bedenkt, wie Amma ihr Leben gestaltet. Es ist höchste Selbstaufopferung, täglich stundenlang dem Publikum zur Verfügung zu stehen ohne Rücksicht darauf, wie man sich persönlich fühlt. Amma wird täglich stundenlang von Menschenmengen körperlich berührt, gedrückt und kommt nicht zu geregelten Mahlzeiten oder einer Pause. Oft kann sie bis nachts nicht von ihrem Stuhl aufstehen. Für viele scheint das wie eine schreckliche Strafe zu sein. Tatsächlich, wer von uns könnte täglich stundenlang hunderte von immer ähnlichen Bitten, Problemen und Fragen beantworten ohne dabei die Geduld zu verlieren. Aber Amma bietet sich geduldig und freudig allen, die zu ihr kommen an, so wie sie das in den vergangenen 45 Jahren getan hat.

Amma verkörpert echte Verehrung. Sie sieht in jedem von uns das Göttliche und verehrt Gott durch Dienst, Mitgefühl und Mitleid. Es ist die Kraft reiner, authentischer Liebe, die es ihr erlaubt, sich unermüdlich zu geben und Übermenschliches zu leisten.

In unserer Zeit kann man keinen anderen *mahatma* (große Seele) wie Amma finden. In ihr ist die Essenz alles Göttlichen in einer Person vorhanden. Nie hat ein anderer Lehrer so viel Weisheit, Freude und Lachen verbreitet. Amma zeigt der Welt, was erreicht werden kann, wenn wir das Göttliche in unser Herz eingepflanzt haben. Sie sagt: „Ihr habt Liebe in euch, ihr braucht nur eure Einstellung zu ändern. Ihr seid keine Laternen, sondern eher wie Transformatoren, die sehr viel Elektrizität umformen können. Ihr seid nicht wie Kerzen, die angezündet werden müssen, sondern wie die Sonne, die aus sich selbst heraus leuchtet."

Amma erinnert uns dauernd daran, dass auch wir einen göttlichen Funken reiner Liebe in uns haben, der darauf wartet, angezündet zu werden und uns umzuformen. Es genügt, dauernd darauf zu blasen, dann wird er zu einem gewaltigen Freudenfeuer, das unsere Negativitäten zerstört und Licht in die Welt bringt.

Kapitel 2

Eine Kultur der Selbstlosigkeit

„Wichtig sind nicht große Taten, sondern große Liebe. Heiligkeit ist etwas Alltägliches."

– St. Theresa von Lisieux

Amma sagt manchmal, dass ihre Mutter ihr Guru gewesen ist. Sie war ein Beispiel für die traditionellen Werte von Liebe und Dienen. Wenn Amma zu uns sagt, dass wir die anderen wie uns selbst lieben sollten, dann war es ihre Mutter, Damayanti Amma, die das durch ihr Handeln zeigte. In Ammas Kindheit zündeten die Dorfbewohner nicht in jedem Haus ein Streichholz an. Man tat dies in einem Haus und dort holten die Nachbarn das Feuer für ihre eigenen Häuser mit einem brennenden Docht, den sie in einer Kokosnussschale dann in ihr

15

eigenes Haus trugen. Ammas Mutter verlangte von ihr, dass sie sich umsah, ob die Nachbarn, bei denen sie das Feuer holte, irgendeine Hilfe benötigten. So wusch sie schmutziges Geschirr, reinigte den Boden und gab andere kleine Hilfen, bevor sie ihren Docht anzündete und damit in ihr eigenes Haus zurückkehrte.

Solcherart erzog und prägte sie Amma mit den Werten, die im Dorf galten. Die Bevölkerung lebte vom Fischfang und war als Gemeinschaft organisiert, wo man sich gegenseitig unterstützte und teilte, auch wenn dadurch persönliche Vorteile aufgegeben werden mussten. Gegenseitige Sorge füreinander galt damals mehr als dies heute der Fall ist. In dem Dorf, wo ihre Familie lebte, waren die meisten Männer Fischer. Wenn sie mit ihrem Fang vom Meer zurückkehrten, verkauften sie die Fische und verteilten 75% des Erlöses gleichmäßig unter allen, die geholfen hatten. Ein kleiner Teil wurde auch abgezweigt für die Alten und Witwen des Dorfes, die nicht selber für sich sorgen konnten. Bedürftige mussten nie um etwas bitten, denn es wurde ihnen immer irgendetwas gegeben. Übrigbleibendes Kleingeld wurde unter die Kinder verteilt, damit sie sich Süßigkeiten kaufen konnten.

Das Dorfleben war von dieser Haltung des Teilens geprägt. Auch an Tagen, wo der Vater keinen Fang zurückbrachte, legte die Mutter für die Nachbarn etwas von der Mahlzeit beiseite für den Fall, dass sie nichts zu essen hatten. Ihre Familie hielt sich zurück, damit dort die Kinder nicht hungern mussten. Es war Sitte, den Besuchern immer Nahrung anzubieten. Deshalb gingen sie nicht in ein anderes Haus, bevor sie sicher waren, dass jene Familie schon gegessen hatte. Sie wussten, dass man darauf bestehen würde, ihnen Essen anzubieten; aber sie wollten niemanden in Verlegenheit bringen, wenn sie wussten, dass nicht genügend Essen vorhanden war, das sie hätten weggeben können. Die Dorfbewohner dachten immer zuerst an die anderen, bevor sie an sich selbst dachten. Dieser Lebensstil war tief in ihnen eingeprägt. Amma sagt, es war diese wesentliche Eigenschaft der Liebe, die damals Familien und Gemeinschaften zusammenhielt.

Wenn eine Hochzeit oder ein anderes Fest bevorstand, liehen die Menschen großzügig ihre besten Kleider aus und streckten Geldbeträge vor, die sorgfältig notiert und später zurückerstattet wurden. Es gab kein Horten, weil die Menschen wirklich im gegenwärtigen Moment lebten. Man dachte nicht daran, Geld für die Zukunft zu sparen. Sie besaßen keine Bankkonten, sondern lebten sehr bescheiden von Tag zu Tag. Dieses System funktionierte, weil die Dorfbewohner bereit waren, sich gegenseitig zu helfen.

In Ammas Kindheit verströmten ihre Familie und die Dorfgemeinschaft aufrichtige Liebe, die aus ihren Herzen kam. Es herrschten Einfachheit und Unschuld. Wenn Kinder draußen spielten, schauten alle nach ihnen. Da war nicht das Denken, das heute vorherrscht: „Dies sind meine Kinder und meine Verantwortung. Für eure Kinder seid ihr selber verantwortlich." Im Gegenteil, alle Erwachsenen des Dorfes schauten nach ihnen und gaben ihnen zu essen. Amma spielte mit ihren Geschwistern und allen Dorfkindern, sie kletterten auf Mangobäume und schwammen im *backwater*. Jeder Tag wurde zu einem Festtag, weil die Familienmitglieder und die Dorfbevölkerung sich so nahe standen.

Sie hatten nicht viel materiellen Besitz, aber es herrschte sehr viel Liebe.

Amma erhielt pro Jahr zweimal ein Kleid, eines zu Onam (eine Art Erntedankfest) und das andere zu Beginn eines neuen Schuljahres. So hatte sie nur zwei Röcke, die ein ganzes Jahr halten mussten.

Kürzlich hielt Amma einem Jungen, der während eines Darshans neben ihr stand, einen *satsang* (spiritueller Vortrag) über Armut. Sie betonte, dass er, obwohl er in Indien lebt, wirklich keine Ahnung davon hat, wie sehr die meisten Menschen für ihre Existenz kämpfen müssen, weil er selbst in so viel Luxus lebt. Amma sagte weiter, dass sie als Kind keine Spielsachen besaß - hingegen hatte sie Freunde. Er anderseits hat so viel Spielzeug, aber wie viele gute Freunde? Bei anderer Gelegenheit, als Amma einige kleine Kinder im Sand spielen sah, äußerte sie traurig: „Kinder waren früher so unschuldig. Heute haben sie stattdessen Spielzimmer." Amma lobt die Mütter, welche ihre Kinder das *samskara* (Kultur) der Selbstlosigkeit lehren, weil sie damit gute Werte in die Familien und Gemeinschaften bringen können. Diese

Werte helfen, die Zukunft positiv zu gestalten. Amma hat diese Erziehung in ihrem Zuhause erhalten, aber die heutige Generation vermisst diese kostbare Kultur sehr oft.

Kapitel 3

Die Liebe heilt alle Wunden

„Letztlich bedeutet alles was wir während unseres Lebens tun oder sagen nicht so viel wie die Art, in der wir uns gegenseitig geliebt haben"

– Daphne Rose Kingman

In den frühen Jahren, als ich bei Amma saß und ihr Fragen stellte, dachte ich, es seien Eigenschaften wie Leidenschaftslosigkeit und Verzicht, die wir von ihr lernen sollten, aber Amma hielt mich immer an, Liebe als Ziel zu haben. Damals dachte ich selten über Liebe nach. Ich spürte immer, dass ich nun bereit sei, ein echtes spirituelles Leben zu beginnen. Ich wollte ein höheres Ziel haben, aber Amma lehrte mich unbeirrt, dass die Macht der Liebe in dieser Welt die größte Macht ist. Mit Liebe können wir alles tun. Letztlich wird Liebe alle Wunden dieser Welt heilen.

Alle wirklich großen Errungenschaften sind nur wegen der ihnen zugrunde liegenden Liebe, der Hingabe und der sehr guten Einstellung gelungen.

Wenn ein Kind ins Krankenhaus gebracht werden muss, können seine Eltern tagelang bei ihm sitzen. Liebe kann den Körper über alle normalen Begrenzungen hinwegbringen. Es ist Liebe, die uns die Kraft gibt, alle Schwierigkeiten und Hindernisse, die im Leben eintreten können, durchzustehen. Wenn wir in unserem Inneren wahre Liebe entwickeln können, werden wir erkennen, dass alles möglich ist. Es gibt in der Schweiz einen Jungen mit Down Syndrom. Als er sehr klein war, war Amma die einzige, die er „Mama" nannte. Für seine leibliche Mutter verwendete er diese Bezeichnung nie. Jetzt, wo er etwas größer ist, geht er oft mit Amma zum *pitham,* (dem Sitz, auf welchem sie sich niederlässt) und setzt sich neben sie. Und wenn Amma danach zu ihrem Stuhl geht, um den Darshan zu beginnen, frage ich ihn: „Zu Papa oder Mama?" Aber er springt davon zu

Ammas Darshanstuhl. Am Ende des Darshans nimmt Amma ihn oft für eine Weile in ihr Zimmer mit. Sie trägt ihn die Treppe hoch, obwohl er unglaublich schwer ist. Ich will dann helfen, sein Gewicht zu tragen, aber Amma wehrt ab, er sei nicht so schwer. „Doch, Amma, er ist sooo schwer", protestiere ich, aber Amma ist nicht einverstanden und sagt: „Nein, er ist nicht so schwer." Genau dies fühlt Amma, denn mit Liebe wird alles gewichtlos.

Kürzlich äußerte ein Mädchen, sie befürchte, ihr Ego sei so groß, dass sie mit ihm zusammen kaum Platz in ihrem Zimmer habe. Mit so vielen Fehlern könne sie doch niemals zur Gottesverwirklichung gelangen. Ich erklärte ihr die einfache Tatsache, dass Ammas Liebe größer und mächtiger ist als jedes Ego und jeder Geist. Es gibt keinen Grund zur Sorge, Amma wird sich darum kümmern. Ihre Liebe wird alles durchdringen und heilen, was der Heilung bedarf. Liebe ist die stärkste Medizin in der Welt - sie ist wie eine andauernde Infusion, die wir für eine lange Zeit haben müssen. Auch wenn wir denken, dass dies manchmal etwas langsam geschieht, können wir sicher sein, dass die Macht der Liebe unser Ego sicher zerstören wird. Das heißt nicht, dass Amma immer unseren Körper heilen oder uns genau das geben wird, was wir wollen. Wenn wir jedoch auf ihre Gnade vertrauen, wird unser Herz sich öffnen und wir können die Liebe finden, die in uns liegt. Die Macht des Mahatma ist größer als diejenige unseres Egos.

Da ist eine Geschichte einer Devotee, bei der kürzlich Krebs diagnostiziert worden war. Ihre Furcht vor dem Sterben wurde durch Ammas Gnade und Liebe in eine wunderschöne, befreiende Erfahrung umgewandelt, in eine Feier des Lebens. Ich ermunterte sie, ihre Gefühle nieder zu schreiben, denn sie hatte viele von uns im Ashram in Amritpuri (Ammas Ashram in Indien) inspiriert.

Meine tödliche Erkrankung gab mir die Möglichkeit, Ammas Lehren, ihre Gegenwart und ihre geduldige, nie aufhörende Liebe als neue Dimension der einen, nicht auswechselbaren Wahrheit zu erfahren. Ich hörte auf, mich wegen des Lebens zu sorgen und lebte bewusster in der Gegenwart. So wurden die Lehren zu einer lebendigen Übung in meinem Herzen anstatt abstraktes Denken zu bleiben. In meinem Inneren sind jetzt Ruhe und Frieden und ich kann zum ersten Mal mein wahres Selbst spüren. Als ich dies einer Freundin erzählte, meinte sie: ,Es ist ein großes Geschenk, eine Gnade, zu wissen, wann man sterben wird'. Ich fühlte nun mit Gewissheit, dass dies eine Wahrheit ist. Danke Amma, dass du mir geholfen hast, meine wahre Natur zu erforschen.

Ich hatte einige Jahre das Gefühl gehabt, als ob sich in meiner Leber ein großes, schwarzes Loch von Wut befand. So war ich nicht erstaunt, dieses auf dem Röntgenbild zu sehen. In der ersten Woche war ich äußerst wütend. Ich dachte, dass es nicht so wunderbar ist zu leben, wenn mich immer wieder Depressionen und Wut aus unbewussten Gründen quälten. Ich hatte gemeint, dass meine jahrelange Erfahrung als Krankenschwester meinem Kopf helfen würde, das Unvermeidliche anzunehmen. Nach einer Woche konnte ich meine Diagnose annehmen. Seither habe ich keine Gefühle mehr von Wut, Depression oder Angst. Das waren die ersten Zeichen von Gnade, die ich feststellte. Ich bin sehr dankbar dafür. Eine andere Devotee sagte zu mir: ‚Gnade ist allgegenwärtig und fließt immerzu. Man muss sich ihr nur öffnen.' Ich konnte das in meinem Herzen annehmen und erfahre nun Ammas unendliche, bedingungslose Liebe und alles, was damit zusammen hängt. Ich empfinde diese Reise als aufregend, erheiternd und äußerst erfreulich.

Liebe kann alle Probleme dieser Welt lösen. Vielleicht nicht über Nacht- manchmal braucht es viele Jahre. Ammas Liebe ist nicht immer eine Wunderheilung, kann es jedoch sein. Aber Heilung benötigt sehr viel praktische Anstrengung unsererseits. Es kann eine große Herausforderung sein, unsere Negativitäten umzuwandeln und Liebe in uns selbst zu suchen.

Amma erzählt gerne die Geschichte des kleinen Jungen, der auf dem Boden Erbrochenes von einem anderen Kind sah und nach einem Lappen suchte, mit dem er es wegputzen konnte, während alle Erwachsenen darüber hinweg geblickt hatten. Ammas Gedanken kehrten noch in der Nacht zu dem Jungen zurück. Es war eine kleine Handlung gewesen und täglich geschieht so viel Putzarbeit. Aber denkt Amma daran? Vielleicht, vielleicht nicht. Es war die selbstlose Einstellung des Jungen, die Ammas Gedanken immer wieder zu ihm hinzogen.

Ein andermal versuchte ich es selbst. Ein junges Mädchen hatte sich plötzlich erbrochen und eine Frau und ich wollten beide aufwischen. „Ich werde das machen" sagte ich und die Frau widersprach: Nein, nein, ich werde das machen. Ich insistierte und sagte, dass ich es wirklich tun wolle. Wir argumentierten also darüber, wer die Selbstlose sein konnte und die Gelegenheit zum Saubermachen bekam. Schließlich putzten wir beide und waren sehr stolz auf uns. Wir wunderten uns allerdings, wohin die Mutter des Kindes verschwunden war. Sie hätte ja eigentlich den Wunsch zum Saubermachen haben sollen! Ich bezweifle, dass damals viel von Ammas Gnade floss, aber es war ein erheiternder Zwischenfall.

Amma wartet trotz all unserer Fehler geduldig auf uns, weil sie weiß, dass reine Liebe die Antwort auf wirklich alles ist. Sie fährt fort zu lieben und ein gutes Beispiel zu geben, egal was jemand über sie denkt oder spricht. Auch wenn Menschen versuchten ihr weh zu tun, reagierte sie immer mit Vergebung und gab Liebe zurück. Amma weiß, dass es in dieser Welt an Liebe mangelt. Wir sind geboren, um zu lieben, aber wir machen diese Erfahrung sehr selten. Amma möchte uns aus Liebe vor Freude hüpfen sehen. Deshalb gibt sie so viel ihres Lebens und ihrer Energie, um uns zu helfen, die Liebe zu erfahren, nach der wir uns sehnen.

Niemand kann den Gipfel der menschlichen Existenz sehen, den Zustand, zu welchem Amma uns lenkt. Dort ist ihre Heimstätte, wo sie in Glückseligkeit lebt. Aber sie ist immer bereit, sich zu opfern und auf unsere Ebene herab zu kommen, um uns höher hinauf zu heben.

Kapitel 4

Der Schmetterling des Mitgefühls.

*„Heiligkeit ist nicht nur für den Heiligen,
Heiligkeit ist die Verantwortung
von jedem einzelnen von uns."*

– Mutter Theresa

Eduard Lorenz war Meteorologe und Mathematiker, der jahrelang versuchte, bei anderen Wissenschaftlern Anerkennung für seine Hypothese zu finden. Er sagte aus, dass etwas so Kleines wie das Auf- und Zuklappen von Schmetterlingsflügeln auf der anderen Seite der Erde einen gigantischen Hurrikan auslösen könnte. Seine Kollegen trauten seiner einfachen Theorie nicht, aber schließlich, mehr als dreißig Jahre später, wurde sie als wahres wissenschaftliches Gesetz anerkannt. In der Welt ist seine

Theorie nun als „Butterfly-Effekt" bekannt. Auf die gleiche Art und Weise könnten wir auf der ganzen Welt erstaunliche Reaktionen bewirken, die wir nie für möglich hielten.

Eines Morgens auf einer Südindientour ließ sich bei einem Programm in Trivandrum ein großer schwarz-weißer Sommervogel blicken. Ich konnte von der Bühne aus beobachten, wie er sich kurz auf die Köpfe der Anwesenden setzte und sich oft auf einer Glatze oder auf einem Brillenrand kurz niederließ. Ein Mann hielt erfreut seinen Atem an und fragte sich, wie lange der Sommervogel wohl auf seiner Brille sitzen bleiben würde. Er betrachtete ihn als Glückszeichen. Alle, auf denen er landete, erlebten seine Berührung als Segnung und auch alle Zuschauer waren glücklich, das Geschehen zu beobachten. Das Leben eines Schmetterlings ist kurz, aber wunderbar. Mit seiner Schönheit bringt er überall, wo er hinfliegt, Freude. Wenn ein kleiner Sommervogel mit seinem Flattern unsere Leben zum Aufleuchten bringt, sollte uns das bewusst machen, wieviel mehr Möglichkeiten wir haben, Freude in die Welt zu tragen. Es braucht keine großen Taten, um diesen

„Schmetterlingseffekt" zu schaffen. Auch etwas noch so Bescheidenes, das wir tun, kann eine phänomenale, kumulative Wirkung haben. Auf ebensolche Art sind Ammas Zeichen der Freundlichkeit grenzenlos. Sie übersteigen unser Verständnis und schaffen Wellen, die um die ganze Welt gehen.

Ammas Liebe und Fürsorge dehnen sich auf so vielen verschiedenen Ebenen auf jeden von uns aus. Sie achtet auf jedes kleinste Detail und versichert sich, dass die Menschen sich glücklich und umsorgt fühlen. Wenn sie zu Beginn eines Programms auf der Bühne ankommt, blickt sie immer um sich, um zu prüfen, ob die Menge so bequem wie möglich sitzt. Sie ordnet an, dass Menschen, die noch stehen, Stühle erhalten und Tafeln entfernt werden, die den Blick auf die Bühne verwehren. Wer Medikamente einnehmen muss oder ein spezielles gesundheitliches Problem hat, wird in eine Vorzugswartelinie eingewiesen. Amma sorgt sich dauernd um die Bedürfnisse der Menschen um sie herum ohne an sich selbst zu denken.

Amma versucht uns mit ihrer Umsicht still zu lehren, dass wir immer zuerst an die anderen denken sollen. Die kleinste Geste von Amma kann einen enormen Eindruck in uns bewirken, wenn wir bereit sind, die subtilen Botschaften in jeder ihrer Reaktionen wahrzunehmen. Sie erinnert uns daran, dass Honig auf der ganzen Welt süß ist. Ebenso ist Feuer immer heiß. Und so ist es vergleichsweise mit Frieden und Mitgefühl, den universellen Eigenschaften, die überall die gleichen bleiben. Jedermann verlangt nach ihrer Süße und Wärme. Amma sagt, wenn wir in unsere Handlungen kein Mitgefühl einfließen lassen, wird das Wort ‚Liebe‘ lediglich ein Wort im Wörterbuch sein. Ohne Mitgefühl werden wir die Süße dieses Gefühls nie erfahren.

Ammas Botschaft und Auftrag ist es, Mitgefühl zu verbreiten. Sie weiß, dass die Welt es wirklich braucht, ja, danach hungert, damit sie heil werden kann. Amma möchte allen Menschen Mitgefühl geben, ungeachtet ihrer Sprache, Kultur, Nationalität und Religion. Sie weiß, dass wir unsere Herzen der Liebe öffnen müssen, damit die alten Wunden aus der Vergangenheit heilen und wir den Weg in die Zukunft gehen können.

Es gibt den Bericht einer Frau, die bei einem tragischen Unfall ihr Kind verloren hatte und völlig zusammengebrochen war. An der Beerdigung des Kindes versuchten viele, sie zu trösten, wussten jedoch nicht, was sie sagen sollten. Ein stattlicher Herr ging ruhig auf die schluchzende Frau zu und hielt einfach wortlos ihre Hand. Eine seiner Tränen fiel auf ihre Hand. Diese wortlose Anteilnahme voller Güte und Mitgefühl tröstete sie mehr als alles, was irgendjemand hätte sagen oder tun können.

Manchmal bin ich dabei, wenn Amma trauernde Familien besucht. Ich hatte dann oft das Gefühl, ich sollte zu trösten versuchen und etwas über den Zyklus von Leben und Tod sagen. Amma hingegen drückt diese trauernden Menschen eng an sich und sagt: „Sch ...., es ist gut, weint nicht". Oft ist das alles, was sie zu ihnen sagen kann. Sie hält sie fest und sie weinen in ihrem Schoss und Amma weint mit ihnen. Sie hat nie gesagt, „das musste so geschehen" oder „es war ihre Zeit zu gehen". In solchen Situationen tiefsten Schmerzes bietet Amma ganz einfach ihr Mitgefühl an. Sie hält die Trauernden, trocknet ihre Tränen und wird eins mit ihrem Leid.

Auf einer Nordindientour hielten wir in einem kleinen, sehr ländlichen Dorf an. Einige Frauen aus der Reisegruppe gingen spazieren und sahen vor einer kleinen Hütte eine hübsche, junge Frau, die jedoch verzweifelt schien. Sie konnten ein wenig auf Hindi mit ihr sprechen. Die Frau erzählte ihre Geschichte: Sie wurde im Alter von 8 Jahren verheiratet und gebar mit 13 Jahren ein Kind. Ihr Ehemann war Trinker und verstarb. Ihren nun 13 Jahre alten Sohn muss sie allein erziehen. Sie ist jetzt 26 Jahre alt und war nie in ihrem Leben glücklich. Ihre Nachbarinnen seien in einer ähnlichen Lage. Die Frauen werden als sehr junge Mädchen verheiratet, haben ein elendes Leben und keine Zukunft. Solche Geschichten sind nicht ungewöhnlich, vor allem in sogenannten Entwicklungsländern.

Es sind nicht nur arme Dorfbewohner in ärmlichen Hütten, die weinen. Amma sieht auch viele wohlhabende Menschen in großen Villen, die ein unerfülltes Leben und genau so viel intensiven Schmerz haben. Alle, überall,

weinen für wenigstens ein wenig Glück und
Freude in ihrem Leben.

Aus äußerstem Mitgefühl widmet Amma
ihr Leben weltweit der Erleichterung solchen
Leidens.

Kapitel 5

Gottes Liebe in einem menschlichen Körper

*„Jedes Mal, wenn ihr euch an die
Wahrheit erinnert, wer ihr seid, bringt
ihr mehr Licht in die Welt.*

– Anonym

Wer Amma beobachtet, erlebt die Liebe
Gottes in sichtbarer Form. Man kann göttliche
Kraft nicht wirklich verstehen, aber göttliche
Eigenschaften haben sich in der Geschichte
durch wenige sehr große, gottesverwirklichte
Leben gezeigt. Wir bewundern und verehren
diese Mahatmas, weil sie heilige Eigenschaften
wie Liebe, Mitgefühl, Losgelöstheit und Vergebung verkörpern. Amma hat die Quelle der
göttlichen Liebe gefunden und sie will diesen
Schatz mit uns teilen. Ihr Ziel ist es, uns zum

Zustand Höchster Liebe zu führen. Wir können die Schriften studieren und spirituelle Bücher lesen, um von der höchsten Wahrheit zu hören, aber nur Amma kann uns zeigen, wie sie in Handlung umgesetzt wird. Amma denkt nur an die anderen, nie an sich oder ihren eigenen Komfort. Sie hat dies so gewählt, im Gegensatz zu dem, was wir im Allgemein für uns selbst wählen. Bei den normalerweise jährlich durchgeführten Nordindientouren durchqueren wir den Kontinent von Süden bis weit in den Norden auf Indiens Straßen, die sehr holperig sein können. Aus Spaß nennen wir den Camper, in welchem wir reisen, „unsere Waschmaschine". Oft fühlen wir uns herum geworfen wie in einer Waschmaschine im Schleudergang. Wer noch nie in einer Waschmaschine gesessen hat, kann sich nicht vorstellen, wie es ist, dieses Schütteln und Rütteln – sicher nicht wie im Schongang.

Ammas Helferin ist immer sehr umsichtig und frägt alle, die in den Camper kommen, ob sie Medizin gegen Übelkeit haben möchten. Sie gibt die Pillen allen, die mit uns fahren und sie klettern freudig ins Fahrzeug und erwarten etwas Wunderbares. Sie können aber nicht erkennen, wofür sie eingeladen wurden. Wenn wir einsteigen, frage ich mich manchmal: „Wer ist heute wohl das Opfer?" Oft denken Leute eifersüchtig: „Oh, in einem Camper zu reisen muss so luxuriös sein!" Aber die Wahrheit ist, dass wir in einer Waschmaschine festsitzen... die Dinge sind nie so wie sie aussehen. Es besteht kein Grund, auf irgendjemand eifersüchtig zu sein.

Es gibt zwei Betten, aber Amma legt sich nie darauf, versichert sich jedoch, dass wir sie benützen. Sie besteht darauf, auf dem Boden zu liegen mit der dünnsten Unterlage die möglich ist. Alles Mobiliar wurde entfernt, es hat nicht einmal einen Stuhl für Amma, wo sie sitzen oder sich anlehnen könnte – so bleibt sie auf dem Boden.

Sogar in ihrem eigenen Zimmer im Ashram passt Amma sich den anderen an. Sie liegt gerne auf dem Boden, aber sie teilt ihr kleines Schlafzimmer mit ihrer Helferin und drei Hunden, so hat es keinen Platz mehr. Kürzlich begann sie, auf dem Bett zu schlafen, um sich ein wenig ausstrecken zu können. Aber natürlich, kaum richtete sie sich so ein, bestand einer der Hunde darauf, auch dort zu schlafen. Und er ist kein kleiner Hund, der sich auch gerne ausstreckt. Er nimmt beinahe ein Drittel des Bettes ein. Wenn jemand versucht, ihn weg zu ziehen, knurrt er und weigert sich. Damit er untergebracht und ruhig war, ließ Amma ihre Beine und Füße über den Bettrand hängen, was sehr unbequem für sie war. Sie hat schließlich seinen Wünschen nachgegeben und legt jetzt ihre Füße auf den Hund. Es scheint ihm zu gefallen. Sogar in ihrem eigenen Zimmer hat Amma kaum Platz, um ihre Beine auszustrecken. Trotz alledem nimmt sie für sich jede Situation an und vergewissert sich, dass für alle gesorgt ist.

Manchmal bin ich wirklich besorgt darüber, wieviel sie von sich selber gibt. Ich habe sie schon inständig gebeten, weniger zu reisen. Sie hält ja Monat für Monat ein Programm nach dem anderen ohne Ruhetage dazwischen einzuschalten. Ich fragte einmal, ob wir die Nordindientour nicht abblasen könnten, weil sie für ihren Körper so hart ist. Sie antwortete: „Nein! Die Menschen in diesen Dörfern sind so arm, sie können sich die Reise nach hier (Kerala) nicht leisten." Ich schlug vor: „Amma, wir können Busse senden, die sie hierher in den Ashram bringen." Sie war nicht einverstanden und sagte, dass mein Plan zu teuer sei. Besser, sie reise selber und das Geld gehe an die Bedürftigen. Es ist unmöglich, Amma davon zu überzeugen, dass sie selbst mehr ruhen sollte – wir haben es unzählige Male versucht.

Überall in der Welt weinen Devotees jeden Tag, weil sie nicht im Ashram sein können. Amma denkt immer an sie, aber nie an sich, ihre eigene Gesundheit oder ihren Komfort. Ihr Sehnen und ihre Trauer bringen Amma dazu, so viel zu reisen, obwohl es für uns viel einfacher wäre, zu Hause zu bleiben. Wir leben in einer Welt, wo die meisten Menschen nur denken: „Was bringt das für mich"? Amma lebt auf völlig andere Art, indem sie zuerst an die anderen denkt. Sie lehrt uns durch ihr Beispiel immer zu überlegen, was wir geben anstatt nehmen können. Warum nicht gute Dinge tun, so lange wir können und die Kraft dazu noch haben? Wenn unsere Bedürfnisse gedeckt sind, ist es wichtig, auf diese Art zu denken und was immer wir können an die Welt zurück zu geben. Niemand verlangt so viel von uns. Es wird von uns nicht erwartet, Ammas Beispiel völlig zu folgen. Kein normaler Mensch hätte diese Möglichkeit, aber wir können uns selbst ein wenig mehr vergessen und uns Zeit für den Dienst an anderen nehmen. Wir würden sicher glücklicher sein. Wenn Amma den Bau der Häuser für die Bedürftigen überwacht, regt sie die Devotees, welche die Bauarbeiten ausführen immer an, in ihrer freien Zeit die Dorfbewohner zu besuchen, und sie anzuhören, um mehr Verständnis für ihre Probleme zu gewinnen. Amma kennt die Sorgen der Benachteiligten, weil sie ihr seit

Jahrzehnten ihre Herzen ausschütten. Viele junge Menschen, die im Ashram leben und sich an dieser Arbeit beteiligen, verstehen die Schwierigkeiten nicht voll, welche die Unterprivilegierten zu ertragen haben. Amma weiß, dass der erste Schritt zur Lösung der Probleme ist, sie bewusst zu machen. Es gibt auf dieser Welt so viel Armut und Schmerz. Es liegt in unserer Verantwortung, alles uns mögliche zu tun, um denen zu helfen, die leiden. Dies ist der Grund, warum Amma auf der ganzen Welt umfangreiche Hilfsprojekte ins Leben gerufen hat. Sie kümmert sich überall um diejenigen, die leiden. Es sind unsere Probleme und Sorgen, die sie dazu inspirieren, ihr Leben dem Dienst an anderen zu widmen.

Wir sollten unserem Herzen erlauben, Mitgefühl für die anderen zu haben, wenn wir an sie denken, anstatt immer nur für uns selbst zu sorgen. Wir haben ein so schönes Beispiel in Amma, die jeden Moment ihr Bestmögliches gibt. Sie versucht, durch ihr Beispiel nur ein Tröpfchen dieses Mitgefühls in uns zu wecken.

Kapitel 6

Frisch wie eine Blume

„Möge die Schönheit, die ihr liebt,
das sein, was ihr tut."

— *Rumi*

Amma sagt, dass der Ashram in Amritapuri einem Krankenhaus gleicht. Die Menschen kommen mit einem Mangel an Vitamin L (Liebe) und brauchen intensive Pflege. Amma ist der entscheidende Arzt: Sie sieht durch uns hindurch, tief in unsere Seele hinein, durch alle oberflächlichen Schichten unserer Existenz hindurch. Die meisten von uns sehen nur das Äußere, aber Amma geht tiefer in uns hinein, direkt in unser wahres Zentrum. Sie hat unbegrenzt Vitamin L zu verteilen und das ist genau, was sie jedem gibt, der es braucht. Wir haben so viel Glück, in ihrer Nähe zu sein und dieses Fließen von Liebe und Mitgefühl mit zu erleben.

Oft überlege ich wie viel Schmerz Amma in ihrem Körper spüren muss, wenn sie so außerordentlich viele Stunden lang Darshan gibt. Manchmal kann sie kaum ihren Nacken oder den ganzen Körper bewegen, ohne Schmerzen zu leiden. In solchen Augenblicken denke ich, wie es ihr möglich sein wird, auch nur fünf Menschen zu umarmen, während zwanzigtausend an einem Programm auf sie warten. Amma denkt nie so. Sie weiß, dass sie die Fähigkeit hat, sich von der Körper/Geistverbindung zu lösen. Sie wird immer die Kraft für alles finden, was sie braucht, um anderen zu dienen.

Während wir einmal zu einem großen Programm fuhren, befand Amma sich in äußerster Pein. Jede kleineste Bewegung war schmerzhaft. Ich konnte mir nicht vorstellen, wie sie die Nacht mit der Riesenmenge von Besuchern, die gekommen war, durchstehen sollte. Auf der Bühne wollte sie sich wie immer zuerst verneigen und niederknien, aber wegen der heftigen Schmerzen im Nacken konnte sie das nicht tun. Sie konnte ihren Nacken überhaupt nicht bewegen. Als sie es trotzdem versuchte, insistierte ich: „Nein Amma! Du musst das nicht tun!

Du kannst einfach die Hände zu einem *pranam* (respektvolles Grüßen) zusammenlegen."

Ich fühlte mich sehr dumm, vor allen so zu ihr zu sprechen (als Schülerin dem Guru zu sagen, was er zu tun hat!).

Vermutlich ist das alles auf einem Film festgehalten, wie ich Ammas Arm halte und versuche, sie vom Niederknien abzuhalten. Amma ignorierte mich einfach und verneigte sich, wie sie es immer tut. Niemand hätte vermutetet, dass sie Schmerzen haben könnte. Sie erfüllte lediglich ihre Pflicht ohne an sich und ihre Gesundheit zu denken.

Die Programme im Westen dauern bis spät in die Nacht hinein und ich weiß, dass ihr Körper unsägliche Schmerzen aushalten muss. Wenn am gleichen Tag zwei Programme angesetzt sind, beginnt der Darshan um 10 Uhr morgens und dauert bis nach vier Uhr nachmittags, manchmal länger, je nach der Zahl der Besucher. Dann ist Amma oft schwindelig, weil sie weder isst noch trinkt. Niemand wird das beobachten, weil Amma nicht möchte, dass jemand traurig wird, wenn sie den wirklichen Zustand ihres Körpers sehen lässt. Das

Abendprogramm beginnt ungefähr zwei Stunden später und dauert bis tief in die Nacht hinein, manchmal bis vier oder fünf Uhr morgens. Sie wird Darshan geben, bis jeder Einzelne, der gekommen ist, ihre Umarmung erhalten hat. Danach hat sie eine kurze Ruhepause bis dann um 10 Uhr morgens der nächste Darshan beginnt. Um Amma herum werden die Tage zur Nacht und die Nächte zum Tag, weil die Programme ineinander fließen. Sie bedenkt nie, welche Anstrengung sie selbst andauernd für alle macht, sondern nur an die Schwierigkeiten, die Menschen vielleicht haben können, weil sie so lange warten müssen, um sie zu sehen.

Im Ashram in Indien gibt Amma der Landbevölkerung oft extrem lange Darshans, wenn die Menge nicht zu groß ist. Nach einem sehr langen Darshantag gab Amma in ihrem Zimmer zu, dass ihr Körper schmerzte. Ich fragte, warum sie allen solch lange Darshans gegeben hatte. Ihre Antwort war, dass die Fahrpreise für die Busse sehr gestiegen seien. Sie weiß, dass es für die arme Bevölkerung ein großes finanzielles Opfer ist, zu ihr zu kommen; oft leihen sie sich von Nachbarn gute Kleider aus, um zum Ashram zu kommen. Amma sagt dazu: „Ich muss ihnen irgendetwas geben; ich muss mich mit ihnen unterhalten, weil sie die gleiche Sprache sprechen und so viel opfern, um hierher zu kommen."

Amma hat auf der ganzen Welt nie ein Programm abgesagt, weil sie z.B. Magenschmerzen hatte, oder sich sonst nicht wohl fühlte. Falls sie sich erbrechen muss, geht sie in einen Nebenraum, spült ihren Mund, kehrt zurück und fährt mit Darshan fort. Niemand ahnt jemals, dass sie leidet. Einmal trug sie wegen des langen Sitzens einen Gürtel, um die schmerzend verkrampfte Bauchmuskulatur zu stützen. Aber was geschah damit? Sie entfernte ihn, um ihn einem armen Darshanbesucher zu geben, der einen solchen Gürtel brauchte.

Frühmorgens, wenn der Darshan lange andauert, kann man sehen, dass Amma manchmal in einen anderen Bewusstseinszustand übergeht. Dann nimmt sie ihren Geist vom erschöpften Körper weg, lacht und scherzt und verlangsamt ihre Bewegungen, indem sie jeden Besucher länger als den vorhergehenden umarmt. Gegen Ende eines Programms fängt sie nie an sich zu beeilen, damit sie gehen und ruhen kann, wie wir das wahrscheinlich tun würden. Auf einer Südindientour saß Amma einmal vierzehn Stunden am Stück und ich erwartete, dass sie am Ende der Nacht schreckliche Schmerzen haben würde. Als sie in ihr Zimmer zurückkehrte, traf sie für eineinhalb Stunden Besucher, anstatt zu ruhen oder zu essen. Man reichte ihr Kokosnusswasser, das sie entgegennahm, aber nicht trank. Sie hielt das große, gefüllte Glas mindestens zwanzig Minuten in der Hand, bis ich es ihr wegnahm, weil ich schließlich fand, dass es recht schwer zu halten war. Sie hatte das Getränk einfach angenommen, so wie sie alles immer annimmt, um nichts und niemanden abzuweisen. Ich stellte mir vor, wie müde und schmerzend ihr Körper sein musste, nachdem sie den ganzen Tag und die Nacht ohne aufzustehen gesessen und ihre Arme gebraucht hatte. Aber zu meinem großen Erstaunen gestikulierte sie enthusiastisch, als sie etwas erzählte. Wir anderen um sie herum hatten bereits zu ‚welken‘ begonnen, aber Amma war frisch wie eine Rose. So fließt Ammas Leben; Liebe hält sie aufrecht und erlaubt ihr,

Unmögliches zu machen. Wenn Ammas Körper eine Statue wäre, wäre diese schon lange rostig geworden und zu Staub zerfallen. Wie viele Menschen legen ihre Hände auf Ammas Schenkel, treten auf ihre Füße, ziehen ihren Nacken herunter oder schreien in ihre Ohren! Aber Amma sagt, dass sie dank der göttlichen Gnade in der Lage ist, weiterhin Darshan zu geben. Amma hat Schmerzen in ihrem eigenen Körper, damit wir weniger haben. Dies ist die unvorstellbare Liebe, die ein Satguru (wahrer Lehrer) für die Welt hat. Es ist dasselbe Prinzip, woran Christen glauben, wenn sie sagen, Jesus habe für unsere Sünden gelitten.

Einst fragte eine Devotee: „Amma leidet dein Körper wirklich?" Sie war überzeugt davon, wenn sie Amma beim Darshan sah, war aber verwirrt, weil Amma meist so glücklich aussieht. Amma antwortete: „Auf der menschlichen Ebene leidet der Körper, auf meiner Ebene jedoch nie! Sorge dich nicht, meine Liebe! Ein Geschenk sollte man nie zurücknehmen. Ich habe mich der Welt als Gabe gegeben - ich werde nichts zurücknehmen, nur um an mich selbst zu denken." Amma zeigt uns den Weg.

Sie lehrt uns durch ihr eigenes Leben, wie man Opfer für andere bringt. Sie bemüht sich immer sehr, in allem was sie tut das Maximum zu geben. Wenn in unserem Herzen Liebe ist, sind unsere Bemühungen, etwas Gutes zu tun, anstrengungslos, ja kraftgebend. Lasst uns alle beten, dass wir von ihr etwas auch noch so Kleines aufnehmen und an die Gesellschaft zurückgeben können.

Kapitel 7

Das höchste Sadhana

*Von Geburt an sind wir auf die Sorge und Liebe
unserer Eltern angewiesen und später im Leben,
wenn Krankheit oder Alter uns plagen, hängen
wir wieder von der Freundlichkeit anderer ab.
Wenn wir zu Beginn und am Ende unseres
Lebens von der Freundlichkeit der anderen
abhängen, wie können wir da in der Mitte
uns nicht freundlich um andere kümmern?"*

– Tenzin Gyatso, 14. Dalai Lama

Zu lieben und dienen ist das höchste Sadhana
(spirituelle Praxis), das wir je ausüben können;
aber wie viele von uns sind wirklich bereit, wie
Amma alle zu lieben und ihnen zu dienen?
Wenn wir wirklich in der Lage wären, bedingungslos zu lieben und zu dienen, müssten wir
nichts anderes tun, um die Höhen der Spiritualität zu erreichen. Aber das bedeutet, alle

zu lieben, nicht nur die wenigen, die für uns angenehm oder anziehend sind. Es heißt auch die zu lieben, die sich in der Essensschlange vor uns hinstellen, oder sich bei den Bhajans halb in unseren Schoß setzen, wo wir doch selbst kaum Platz haben, oder die uns beinahe umwerfen oder sich in die Gruppe der Wartenden drängen, wenn Amma kommt. Wenn man jemand in solchen Momenten lieben kann, muss man nicht viele andere spirituelle Übungen machen. Es ist äußerst schwierig, in allen jederzeit das Beste zu sehen. Es ist die höchste Haltung, die wir haben können, aber auch die größte Herausforderung, die erreichbar ist. Um einen Anfang in dieser Richtung zu machen, sollten wir unseren Geist trainieren, gute Dinge zu tun. Meditation, Puja, hingebungsvolles Singen, Mantra- Wiederholung, Gebete für das Wohlergehen der Welt und Karma Yoga sind alles verschiedene Wege, um Konzentration, Mitgefühl und Einfühlungsvermögen zu entwickeln.

Es gibt heute auf dem Gebiet der Neurologie Studien und Forschungen, die belegen, dass gute Handlungen oder auch nur gute Absichten einen äußerst positiven Einfluss auf unsere Gesundheit und unser Wohlbefinden haben. Tests haben bewiesen, dass der Geist auf positive Werte umgeschult werden kann, auch wenn man sie als Kind nicht gelernt hat. Wenn wir beginnen, gute Werte zu praktizieren, beginnen wir tiefe Gefühle der Freude und des Wohlbefindens zu erfahren. Es bildet sich ein Zyklus: Je mehr Gutes wir für andere tun, desto glücklicher werden wir, und wenn wir glücklicher sind, haben wir vermehrt den Wunsch, gute Handlungen auszuführen. Amma hat einen besonders schönen Einfluss auf die Kinder, die von der sie umgebenden Atmosphäre tief beeindruckt werden. Es gibt ein reizendes Beispiel von Kindern um Amma herum: Sie erkundigten sich gegenseitig, wie viel Eiscreme sie pro Woche essen und beschlossen, dass zwei wirklich genügen. Glücklich legten sie dann das ersparte Geld zusammen, um es für die benachteiligten Kinder zu spenden. Allein Ammas Gegenwart inspiriert zum Geben, was das echte Ziel aller spirituellen Übungen ist.

Manchmal kommen Ashram-Kinder zu mir und sagen: „Sieh, wie viele Mantras ich gesagt habe!" Kürzlich kam einer der kleineren Jungs zu mir und hielt seinen Mantrazähler unter meine Nase. Die Zahl war 8.888. Ich war sehr beeindruckt und fragte ihn: „Hast du mit jeder einzelnen Zahl das Mantra wiederholt?" Der Sechsjährige antwortete unschuldig: „Ja". Es ist etwas Schönes, wie auch noch sehr junge Kinder, von Amma lernen. Dies ist in der heutigen Welt sehr wichtig, denn Hingabe führt zum Wunsch, die Gesellschaft und Mutter Natur zu lieben und ihr zu dienen. Diese Haltung des Dienens muss erhalten werden, damit sie für die kommenden Generationen überlebt.

Viele Erwachsene mögen denken, dass sie neben ihrer Arbeit und Familie keine Zeit haben, etwas für andere zu tun. Wie wäre es ihnen möglich, auch noch Dienste zu leisten, wo sie doch keine freie Zeit haben? Amma gibt dazu das Beispiel, dass man, wenn man z.B. drei Kinder hat, selbstlosen Dienst tun kann wie für ein viertes Kind. Denn man würde sich ja um alle eigenen Kinder kümmern, wie viele es auch wären. So sollte es uns möglich sein, ein wenig Zeit zu finden, um selbstlosen Dienst in unseren vollen Tagesablauf einzufügen.

Wir mögen denken, dass unser Seva nicht so wichtig ist, dass andere ihn nicht übernehmen könnten, aber er ist tatsächlich unser kostbarstes Werkzeug. Seva führt uns hinaus über das Denken an uns selbst und an was wir gerade wünschen. Solche Arbeit kann uns mit Ammas Gnade zum endgültigen Ziel bringen, wenn sie mit der richtigen Einstellung getan wird.

Ein Mann sagte mir einmal missbilligend, wie unglücklich er mit seinem Seva sei. „Ich kam in den Ashram, um für das Gute der Menschheit spirituellen Fortschritt zu machen und jetzt verlangt man von mir, dass ich einfache Handarbeit wie Geschirrwaschen und Abfallsortierung übernehme. Ich habe eine Berufsausbildung und bin sehr kreativ. Es beleidigt mich, meine Zeit für das Sadhana zu kürzen und stattdessen Dinge zu tun, die ich nicht mag."

Ich antwortete ihm, dass es vielleicht im göttlichen Plan liege, dass er durch diese Arbeiten ein wenig Bescheidenheit üben kann, wo er doch draußen in der Welt so professionell ist. Es kommt alles genau so zu uns, wie wir es brauchen. Es gibt keinen Fehler im Weg des

Lebenszyklus, auch wenn das Sevadesk uns eine Aufgabe gibt, wo wir doch ein anderes Sadhana machen wollten (etwas Vergnüglicheres).

In unseren Meditationen sind sogar die Gedanken in unserem Geist Handlungsformen, denn auch das Meditieren selbst ist eine Handlung. Warum also daneben nicht versuchen, ein wenig selbstlosen Dienst zu leisten, der uns die Segnung der Gnade bringt?

Wenn es notwendig ist, können wir versuchen unsere Haltung zu ändern, um zufrieden bereit zu sein, jegliches zu machen, wenn man damit anderen helfen kann.

Amma braucht keine Menschen, die neben ihr sitzen und ihr das Gesichtstuch reichen, wie ich es tue. Dieser Job ist schon vergeben, aber es gibt viele andere Dinge zu erledigen. Werden sie nicht getan, ist Amma oft die erste, die tut, was nötig ist. Sie arbeitet immer sehr hart und gibt selbstlos. Sie versucht uns zum gleichen Verhalten zu inspirieren.

Eines Abends nach den Bhajans erwähnte Amma mir gegenüber, wie viele Schmerzen sie hatte. Sie wiederholte, dass sie sich überhaupt nicht wohl fühle. Das tat mir so leid, aber da gab es nichts, womit ich helfen konnte. So ging ich nach unserem Gespräch in meinen Arbeitsraum hinunter, um Seva zu machen. Plötzlich hörte ich, wie jemand umher rannte und rief „Backstein-Seva!" Ich dachte, Amma wird sicher nicht kommen, weil sie sich ja nicht wohl fühlt. Aber dann erfuhr ich, dass Amma draußen war und fröhlich Backsteine trug (sogar mehr auf einmal als die anderen!) Manchmal ist sie wie ein Kind, das leicht abgelenkt und zu seiner Lieblingsbeschäftigung, dem Dienen, gelockt werden kann.

In Kanada lebt ein kleiner, vierjähriger Junge der es liebt, Seva zu machen. Einmal trug er die viel zu große Arbeitsschürze eines Erwachsenen, die er am Boden nachzog. Als Amma eben vorbeiging, rief er sie und machte sein *Pranam*. Amma wandte sich ihm zu und sagte bestätigend „Seva, Seva, Seva!" Sie war so glücklich, diesen Kleinen in seiner viel zu großen Schürze zu sehen und gab ihm einen Kuss.

Amma spricht oft über die Kinder, die gerne Dienst leisten. Sie ist stolz und äußerst glücklich, wenn sie sie mit der richtigen Einstellung etwas Praktisches tun sieht, das anderen hilft.

Seva hilft Kindern auch Fähigkeiten für die Zukunft zu fördern und dabei im Herzen Liebe und Mitgefühl zu entwickeln. Wenn es uns Freude macht, gute Dinge zu tun, werden wir mit Sicherheit inneres Glück finden. Seva ist eine der größten Gaben.

Spiritualität ist völlig praktisch. Wenn Amma irgendwo einen Bedarf feststellt, ist sie immer bereit, ihn zu decken. Und darum geht es ja wirklich: zu sehen, was nötig ist und es mit einem liebenden Herzen zu tun. Wir sind so bevorzugt, dass wir die Gelegenheit zum Dienen haben, aber es liegt an uns, dies als Segnung zu verstehen. Wenn wir uns beim Denken ertappen: „Ich will das nicht tun" dann sollten wir unseren Geist überzeugen, seine Haltung zu ändern. Wenn man kann, ist man in der Lage, wirklich alles gerne zu tun. Niemand kann uns zwingen, den Dienst am anderen erfreulich zu finden. Das muss innen im eigenen Herzen erwachen. Unzählige haben Bücher über Spiritualität oder philosophische Richtungen gelesen, aber wie wenige sind bereit, das zu tun, was getan werden muss? Wie viele Menschen sind wirklich bereit für die äußersten Arten von

Bescheidenheit und Dienst? In Wahrheit nicht so viele – aber was könnte größer sein als dies?

Wo immer man sich in der Welt befindet, wird die Gnade zu uns fließen, wenn wir alles für das Göttliche tun und so viel dienen, wie wir können. Das wunderbare Geschenk des Dienens ist die größte Freude, die ich in meinem Leben erhalten habe. Auf die Liebe kommt es im Leben an und selbstloser Dienst ist der schöne Kanal, durch den die Liebe fließt.

Kapitel 8

Das Geheimnis des Glücks

„Wenn du denen hilfst, die in Not sind, wird die Selbstsucht verschwinden und du wirst deine eigene Erfüllung finden ohne dass du es merkst.

– Amma

Wenn wir geben, fühlen wir uns immer sehr gut. Freiwillige von Wohlfahrtseinrichtungen und Spender, die philanthropischen Vereinen helfen, kennen die Freude von Großzügigkeit. Man sagt, dass man mit Geld kein Glück kaufen kann, aber es ist doch erwiesen, dass man es einfangen kann, wenn man sich bemüht, großzügig zu geben. Wenn wir unsere eigenen Wünsche vergessen können und anderen helfen, erfahren wir einen hohen Grad an Zufriedenheit. In Wirklichkeit ist es so, dass die Menschen umso glücklicher sind, je mehr sie geben können.

Eine junge Frau erzählte bei einem Familientreffen, sie habe das schönste Herz. Alle versammelten sich um sie, um ihr perfektes, rundes, glattes, leuchtendes Herz zu bewundern, das sie so stolz zeigte. Plötzlich rief eine alte Dame mit rauer, starker Stimme aus, ihr Herz sei sehr viel schöner. Alle Gäste lachten, als sie das arg mitgenommene Herz der alten Frau zu sehen bekamen, das voller Flecke und offener Wunden war. Etliches war weggeschnitten und an anderen Stellen sah man schlecht eingepasste Stücke. Die junge Frau lachte und sagte: „Wie können sie ihr altes, entstelltes Herz mit meinem perfekten vergleichen?"

Die alte Frau antwortete: „Ich bin einverstanden, dass ihr Herz perfekt ist, aber es ist nicht schön. Jede Narbe, die sie auf meinem Herzen sehen können, vertritt jemanden, dem ich mein Herz gegeben habe. Manchmal gaben sie mir ein Stück ihres Herzens, aber nicht immer. Deshalb hat es so viele Stellen, wo die Stücke nicht ganz passen. Aber ich schätze sie, weil sie mich an die Liebe und schönen

Erinnerungen, die wir austauschten, erinnern. Diese offenen Wunden hier sind schmerzhaft, weil einige Menschen ihr Herz nie gegeben haben, aber ich warte und hoffe, dass sie eines Tages verstehen werden, welchen Wert das Geben von Liebe hat."

Das junge Mädchen ging weinend auf die alte Frau zu. Sie schnitt ein Stück ihres perfekten Herzens heraus und füllte damit die Lücke im Herzen der alten Frau. Sie blickte dann zu ihrem eigenen Herzen hinunter, das nicht mehr so „perfekt" war, dafür umso „schöner."

Wir hören gelegentlich von heroischen Menschen, die uns tief inspirieren.

Die Lehrerin einer Klasse von vierzehnjährigen Knaben war tief berührt von der traurigen Lage eines ihrer Schüler, der ohne Nierentransplantation sterben würde. Sie bot der Familie an, eine ihrer Nieren zu spenden, sofern sie zu seinen passte. Die Untersuchung war positiv und die Lehrerin gab eine ihrer Nieren.

Vor einigen Jahren betrat ein Ehepaar am Weihnachtstag ein Restaurant, genoss das Frühstück und tat etwas Ungewöhnliches. Sie bezahlten den doppelten Preis für ihre eigene Mahlzeit und bestanden darauf, dass die Rechnung der Tischnachbarn geregelt wurde, obwohl es sich um völlig fremde Menschen handelte. Sie wollten weder Lob noch Anerkennung und hinterließen keinen Namen. Sie wollten etwas Nettes tun und verlangten nur, dass die Serviererin diesen Menschen eine frohe Weihnachtszeit wünschte. Es blieb nicht bei dieser einen guten Tat. Die Gäste, welche diese Geste erhalten hatten, wurden dadurch inspiriert, sie weiterzugeben. Sie bezahlten das Essen von anderen Gästen und gaben für alle Serviererinnen ein Trinkgeld. Jeder Begünstigte war überrascht, ein freies Essen zu erhalten und führte die Idee weiter. Dies geschah nun in dem Restaurant während mehr als fünf Stunden. Es war wie ein Dominoeffekt. Die Serviererinnen des Restaurants hatten in all den Jahren nie etwas Ähnliches erlebt und bekamen feuchte Augen, als sie über diese Kettenreaktion der Großzügigkeit nachdachten.

Wenn wir ein selbstloses Beispiel geben und für andere etwas Gutes tun, können wir kleine Wellen schaffen, die sich ausbreiten wie in einem Teich. Einsamkeit entsteht, wenn wir nur an uns selbst denken. Wenn wir zu sehr an das gebunden sind, was wir wollen, werden wir uns immer leer fühlen – sogar wenn unsere Taschen voll sind. Ein Haus voller Wertgegenstände kann das Herz nicht erfüllen. Unser Besitz mag sich vergrößern, unser Bankkonto mag überfließen, aber wenn wir blind nur selbstsüchtige Ziele verfolgen, wird sich unser Geist mit noch mehr Wünschen füllen. Wir können von der Welt alles erhalten, was wir wollen, aber wenn wir nur unsere Selbstsucht befriedigen, wird das Glück uns aus dem Weg gehen. Wir werden immer spüren, dass uns etwas fehlt. Bis wir nicht zu geben lernen, werden unsere Wünsche nie verschwinden. Oft fragen sich Menschen: „Was werde ich in diesem Leben bekommen?" Dies ist jedoch nicht eine Haltung, die von Amma ermutigt wird. Stattdessen inspiriert sie uns, etwas Wunderbares zu schaffen, indem wir unsere Talente finden und sie zum Dienen gebrauchen. Anderen zu helfen bringt größtmögliches Glück. Damit werden Bedeutung und Zweck unseres Lebens erfüllt.

Wünsche entfernen uns von echtem Glück. Sie verschwinden nicht, wenn wir sie erfüllen.

Im Gegenteil, sie vermehren sich und tauchen bestimmt wieder auf. Sehen wir zum Beispiel die Versessenheit vieler Menschen auf die neueste Technologie. Wir erstehen ein neues Handy und fühlen uns damit so glücklich. Aber nach 6 Monaten kommt ein neues Modell heraus. Es ist dünner, leichter, hat mehr Pixels, Apps, Spiele und wir wünschen sofort, dieses zu besitzen. Wir denken: „Dieses alte Modell gibt mir nicht mehr das gleiche Vergnügen, das ich hatte, als ich es kaufte. Ich werde mit einem neuen viel glücklicher sein." Aber wir können den Geist nicht zufrieden stellen, das ist das Problem. Gedanken und Wünsche enden nie.

Wenn wir unsere Wünsche vereinfachen können, sind wir auch mit etwas weniger zufrieden. Es ist gut, um Hilfe zu beten, dass wir unsere Begierden überwinden können. Es ist schwierig, denn unser Geist bewegt sich dauernd. Aus diesem Grund rezitieren wir unser Mantra und führen ein ausgeglichenes Leben mit Meditation und anderen spirituellen Übungen. Wenn wir eine spirituelle Disziplin einhalten, werden unsere Wünsche zurückgehen und wir werden Ruhe finden.

Es gibt so viele in dieser Welt, die nur neh-men —es ist jedoch viel besser zu geben. Nur dadurch können wir echte Freude finden. Gna-de kommt zu uns durch Ausübung guter Hand-lungen in einer selbstlosen Haltung. Wenn wir versuchen, selbstlos etwas Gutes zu tun, werden wir überall auf der Welt göttliche Gnade erhal-ten. Vergesst euch im selbstlosen Dienst. Wenn wir nicht das eigene Vorwärtskommen im Auge haben und stattdessen anderen dienen, wird die göttliche Gnade uns wie ein Fluss überspülen und wir werden als Belohnung eine Reinigung erhalten, die unser Leben ändern wird, und schließlich kommt die Gnade, um uns zum Ziel zu bringen.

Kapitel 9

Amma in jedermann lieben

„Gott plus Geist ist Mensch.
Mensch minus Geist ist Gott!"

— *Anonym*

Wenn Menschen sich verheiraten, sagen sie zueinander: „Ich liebe dich, ich liebe dich. Ich verspreche, bei dir zu bleiben bis der Tod uns trennt." Wenn später schwierige Dinge überhand nehmen, vergessen sie ihr Versprechen. So ist die Tiefe unserer Liebe. Wenn Liebe hingegen die fest verwurzelte Grundlage unseres Lebens ist, entstehen herrlich duftende Blüten - wir werden wie blühender Jasmin, der exquisite Düfte in die Welt verströmt. Alle, die uns begegnen, können sich an der Schönheit dieser Blume der Liebe erfreuen.

Überall wo Amma hingeht versuchen alle Wartenden, Ammas Hand zu berühren und sie rufen dabei: „Ich liebe dich, ich liebe dich, ich liebe dich Amma." Wenn ihr Amma wirklich liebt, solltet ihr dies nicht einfach nur sagen, sondern es in Tat umwandeln. Liebe sollte eine Handlung sein, nicht nur ein Wort, das wir gedankenlos zu oft gebrauchen. Wenn ihr Liebe in Handlungen umsetzt, könnt ihr die innewohnende Kraft erfahren. Ohne Handlung ist „Liebe" wie eine Frucht aus Wachs: schaut nett aus, kann uns aber nicht nähren – es ist wie eine leere, dekorative Schale eines Wortes. Wenn wir etwas mit Liebe tun, hebt uns dies immer mehr aus dem Leiden heraus in einen friedvolleren Ort, wo die Gnade sich ausbreitet. Mehr als nur eine Dimension von Amma zu betrachten und zu sehen, enthüllt ihre eigentliche Essenz und entschleiert die Erhabenheit der Liebe.

Eine Devotee erzählt eine Begebenheit:

Als ich einmal zum Darshan ging, hatte ich eine tiefe Sehnsucht in meinem Herzen, Amma ganz nahe zu sein. Ich fragte sie mit einer kurzen

Notiz: „Amma wie kann ich näher bei dir sein?" Amma blickte tief in meine Augen und hielt mich lange in ihren Armen. Nachdem ich Darshan erhalten hatte, setzte ich mich mit geschlossenen Augen hin und sah Amma überall. Ich sah Amma als eine Mutter, die ihr Kind liebt, in einem Menschen, der einem Bettler half, in Freunden, die Liebe und Unterstützung geben, wenn es notwendig ist. Wo immer Liebe ist, da befindet sich Amma. Ich wollte meine Augen nicht mehr öffnen, weil ich befürchtete, ihre äußere Form könnte mich ablenken. Ich erkannte, dass sie so viel größer ist als ihr Körper. Diese Erfahrung schien ewig zu dauern…. Amma enthüllte mir, wo sie in allen meinen dunklen Stunden gewesen war und dass sie mich während meines ganzen Lebens getragen und gestützt hatte. Es wurde mir gezeigt, dass Amma überall Liebe ist, in allem. Ich weiß nun, dass immer, wenn ich von jemandem Liebe erhalte, es Amma ist, die mich liebt. Amma ist

Liebe in der reinsten Form. Wenn ich
Amma fühlen möchte, muss ich einfach
selbst zu dieser Liebe werden. Ich will
zu einer Darstellung der Liebe werden.

Amma braucht nichts von uns, aber sie wäre
so glücklich, wenn wir ihre Lehren wirklich
in die Praxis umsetzen könnten. Wir wollen
sie immer glücklich machen, aber wie können
wir das? Etwas Wichtiges könnten wir tun: wir
sollten andere Menschen so lieben, wie wir
Amma lieben.

Es ist so leicht, Amma zu lieben. Es ist überhaupt nicht schwierig, weil sie so unwidersteh-
lich ist. Für die Devotees ist sie das allerschönste
Wesen auf dieser Erde, das Entzückendste,
Lustigste und auf allen Gebieten das Dienst-
bereiteste. Amma gewinnt immer den ersten
Preis. Es überrascht mich nicht, Menschen
sagen zu hören, dass sie Amma so sehr lieben,
weil Amma absolut großartig ist. Alle mit nur
ein klein wenig gutem Menschenverstand
können ihre Größe anerkennen. Aber anstatt
nur Ammas Gestalt zu lieben, sollten wir ihre
Liebe in Praxis umsetzen und jedermann lieben

wie sie. Das wäre wirklich großartig (und auch herausfordernder)!

Jesus sagt in der Bibel: „Liebt einander, wie ich euch geliebt habe." Im Wesentlichen sagen alle Religionen dasselbe: Gott ist Liebe. Es ist unsere Pflicht, uns zu bemühen, auch Liebe zu werden. Amma möchte, dass wir einander so lieben wie sie uns liebt.

Damit, wie Amma sich in der Welt bewegt, gibt sie uns das höchste lebendige Beispiel. Neben allem, womit sie sich befasst, bei allen wesentlichen Problemen, die durch den Dienst an Millionen von Menschen entstehen, ist es ihr doch möglich, jeden zu lieben. Sie sieht sich selbst in uns allen und kennt die Wahrheit, dass diese Welt eine göttliche Manifestation ist. Sie sieht jedermann wie ein Spiegelbild ihrer selbst. Wir mögen glauben und intellektuell verstehen, dass dies wahr ist. Aber Amma lebt buchstäblich die Erfahrung davon. Oft erinnert sie uns daran: „Entsprechend der Indischen Philosophie gibt es zwischen dem Schöpfer und der Schöpfung keinen Unterschied. Sie sind ein und dasselbe, so wie Gold und Goldschmuck." Amma versichert, dass Vedanta die höchste

Wahrheit ist: alles ist Gott. Dies ist das letztendliche Begreifen. Aber hauptsächlich durch *bhakti* (Hingabe) können wir zu besseren Menschen werden, indem wir gute Eigenschaften wie Mitgefühl entwickeln und den Bedürftigen helfen. Wenn wir Gott wirklich lieben, haben wir Mitgefühl für die ganze Welt. Selbstlose Handlungen aus Liebe segnen mit ihren guten Schwingungen alle und die ganze Umgebung. Dies erklärt die fühlbare Schwingung, die wir in der Nähe von großen spirituellen Meistern spüren, sofern wir sie wahrnehmen können.

Vor einigen Jahren war ein Reporter neugierig, was Amma in ihrer Freizeit wohl tue. Er fragte also: „Was tun sie, wenn sie allein sind?" Alle lachten, weil wir die Antwort schon kannten. Amma ist nie allein! Immer, auch in ihrem Zimmer, ist sie von Menschen umgeben. Es finden endlos Treffen für die Projekte statt, es kommen Besucher oder zumindest ist ihre Begleiterin immer anwesend. Amma hat kein Privatleben – sie ist nie allein. Aber zu unserer Überraschung antwortete sie einfach und klar: „Ich bin immer allein." Er antwortete: „Ich glaube ihnen nicht! Ich meine, was machen sie, wenn nicht alle diese Menschen um sie herum sind?"

Amma wiederholte: „Ich bin immer allein. Ob viele Menschen herum sind oder niemand, ich bin allein. Ich sehe alle als Verlängerung meiner selbst; es ist alles das eine Bewusstsein." Er verstand immer noch nicht und bot einige Alternativen an: „Lesen sie Bücher oder sehen sich im Internet um?" Wir, die wir Amma kennen, lachten noch mehr. Amma mit dem Internet? Kann man sich das vorstellen? Natürlich nicht. Sie antwortete ruhig: „Das äußere Internet ist eine Manifestation des inneren Internets. Ich habe das Höchste Internet in mir drinnen, dort schaue ich nach." Amma sieht alles als Manifestation Gottes, ihres Höchsten Selbst. Es gibt nichts von ihr Getrenntes. Wir sollten versuchen, die Welt so zu sehen wie Amma es tut. In den ersten Jahren ging ich selten zum Darshan, beobachtete aber die anderen und stellte mir dann vor, ich sei diejenige in

Ammas Armen. Dann fühlte ich mich glücklich. Wenn wir die Eifersucht überwinden können und uns so glücklich fühlen, als wären wir die andere Person, die eben von Amma

Liebe erhält, dann würde unser Leben tief bereichert. Wir sollten das Gefühl haben, dass wir alle irgendwie zusammen verbunden sind. In Wahrheit sind wir alle Anderen…

Amma teilt ihr Leben, ihre Weisheit und ihr unendliches Mitgefühl mit allen, die daran teilhaben wollen. Sie verschmilzt vollkommen mit uns, wenn sie uns berührt, mit uns lacht oder für uns singt. Sie sieht alle als Erweiterung ihres Selbst. Amma ist nicht einfach nur ein gewöhnlicher Mensch, sie ist die Verkörperung der höchsten Liebe.

Kapitel 10

Loslösung ist Liebe in Verkleidung

„Die ganze Welt und die Dinge darin sind zu unserem Gebrauch da, nicht zum Besitzen. Wir haben vergessen, wie wir die Welt nutzen können und erwarten stattdessen Glück von ihr."

– Amma

Reine Freude kommt durch selbstloses Geben und geistiger Friede entsteht durch Dienst am Anderen ohne eine Belohnung zu erwarten. Idealerweise sollten wir uns im Leben bewegen, indem wir alle lieben, jedoch ein wenig losgelöst bleiben. Wenn wir aus der äußeren Welt Glück erhalten wollen, wie wir das oft versuchen, werden wir enttäuscht oder frustriert und ernten stattdessen Kummer und Leid. Dauerhaftes Glück kann nur durch Mitgefühl und Losgelöstheit erreicht werden. Die meisten von uns missverstehen das Wort 'Losgelöstheit'. Es bedeutet nicht, Dinge abzulehnen oder ihren Gebrauch zu vermeiden. Es heißt auch nicht, Nähe in Beziehungen und Liebe zu verneinen (und sicher auch nicht Verzicht auf Schokolade!). Echte Losgelöstheit ist ein tiefes, volles Mitgefühl. Sie ist die Grundlage echter Liebe und Selbstlosigkeit und bedeutete volles Verstehen des tiefen Wesens eines Dinges oder einer Beziehung - Losgelöstheit bedeutet zu erkennen, dass Menschen und Dinge uns kein dauerndes Glück geben können. Wenn wir verhaftet sind, erwarten wir durch den betreffenden Menschen oder Gegenstand Glück zu erfahren. Dies ist eine falsche Vorstellung, die in uns Erwartungen und Wünsche schafft und schließlich irgendeinen Schmerz verursacht (besonders, wenn wir zu viel Schokolade essen!) Wenn wir von anderen etwas bekommen möchten, erhalten wir Bindung, nicht Liebe. Was wir mit Liebe bezeichnen, ist eigentlich eine Art Handel. „Du gibst mir, was ich wünsche, und ich werde dir geben, was du willst. Echte Losgelöstheit erlaubt uns, bedingungslos zu lieben und zu dienen, ohne etwas zurück zu erwarten. Andere wahrhaft zu lieben, ist wirklich ein schwerer Auftrag. Als die Ashrambewohner in die Dörfer gingen, um Häuser für die Bedürftigen zu bauen, besonders nach dem indischen Tsunami von 2006, begegneten sie oft Schwierigkeiten. Es kamen Schimpfworte und Belästigungen von Menschen, denen sie zu helfen versuchten. Wenn sie in den Ashram zurückkehrten, beschwerten sie sich bei Amma über das Verhalten dieser Menschen: „Amma warum helfen wir solchen Leuten? Die rühren keinen Finger, um nur ein klein wenig mitzuhelfen. Sie schätzen unsere Arbeit überhaupt nicht!" Amma erklärte ihnen, dass diese Menschen einfach nur ihre Wesensart zeigen. Als Reaktion darauf sollten die Ashram Residenten, die ja spirituell Suchende sind, auch ihren Charakter zeigen. Sie sollten beispielhaft die guten Werte leben, die Amma sie gelehrt hat.

Es gibt eine überlieferte Geschichte von einem Mann, der versuchte, einen Skorpion vor dem Ertrinken zu retten. Jedes Mal, wenn er seine Hand ins Wasser tauchte, wurde er von dem Tier gestochen. Jemand fragte, warum er es zu retten versuchte, wo es ihn doch laufend stach. Seine Antwort war: "Zu stechen gehört zum Wesen des Skorpions, aber zu meinem Wesen gehört, wie auch immer zu helfen versuchen." Er wusste, dass anderen zu helfen der Weg zum Himmel ist. Wenn wir für alle guten Dinge, die wir tun, Anerkennung erwarten, erhalten wir meist Enttäuschung. Stattdessen sollten wir rein durch den einfachen Akt, das Richtige getan zu haben, Zufriedenheit finden. Alles was wir tun, kann zu einer schönen Erfahrung werden, wenn wir mit Enthusiasmus und in der richtigen Haltung vorgehen. Sogar wenn niemand es sieht oder davon weiß, wird es uns Freude bringen, etwas Gutes getan zu haben. Uns an Menschen zu klammern und zu erwarten, dass sie uns mögen, ist eine Bindung, die meist zu Enttäuschung führt. Amma zeigt uns durch ihr eigenes Leben, dass wir für alle Mitgefühl haben sollen, sogar für solche, die sich grausam gegen uns verhalten. Sie hat immer nur Liebe und Verzeihung gehabt, sogar für solche, die öffentlich Lügen über sie verbreiteten oder sie sogar umbringen wollten. Sie lehrt uns, jedermann zu lieben, egal wie die anderen über uns denken. Soviel Losgelöstheit ist keine Kleinigkeit.

Jedermann zu lieben bedeutet nun nicht, jedermann blind zu vertrauen. Wir müssen unser Unterscheidungsvermögen gebrauchen.

Ein junger Mann erzählte mir einmal von einem Zwischenfall, der ihm in einer Nacht in Mumbai zugestoßen war. Er war sich nicht sicher, ob er richtig gehandelt hatte oder nicht. Ein Dieb verfolgte ihn auf einer Straße, hielt ein Messer an seine Kehle und verlangte, dass er ihm all sein Geld aushändige. Anstatt zu tun, was der Dieb wollte, ergriff er das Messer, boxte ihn ins Gesicht (was dem Täter das Nasenbein brach) und rannte mit dem Messer als Souvenir um sein Leben davon. Ich versicherte ihm, dass er in seinem Fall genau das Richtige getan hatte.

Manchmal ist es wichtig, aus einem guten Grund zu kämpfen. Hindernisse werden in jedem Leben auftreten. Wir müssen die richtige geistige Einstellung behalten und lernen, sie richtig zu umschiffen. In unserem Fall war der junge Mann nicht wütend gewesen auf den Dieb, der ihn berauben wollte; tatsächlich war Selbstverteidigung die mitfühlendste

Haltung, die er wählen konnte. Vielleicht war es der Anlass für den Dieb, tief darüber nachzudenken, ob er mit seiner schlechten Karriere fortfahren wollte oder nicht.

Wir sollten versuchen, das eigentliche Wesen der Menschen zu verstehen. Alle haben Fehler und es wird leichter, Mitgefühl und Verständnis für die Anderen zu haben, wenn wir sie wegen ihrer Begrenzungen nicht blamieren oder verurteilen. Diese Sichtweise wird uns helfen, für alle Einfühlungsvermögen zu entwickeln und schließlich zu einem Zustand der selbstlosen Liebe zu gelangen.

Menschen, die in Ammas Ashram kommen denken manchmal, dass an einem solchen heiligen Ort jedermann ruhig und freundlich und in spirituelle Übungen vertieft sei. Dies mag zutreffen bis man in einer Schlange für den Teeausschank steht. Dort wird man weniger heiliges Verhalten sehen können. Wenn unsere Wünsche blockiert werden, steigt Ärger aus dem Ego auf. Wir müssen verstehen, dass dies zur Natur des Egos und der Welt gehört. Unsere verdrießlichen Gesichter entstehen, wenn Wünsche uns bedrängen.

Amma sagt: „Wir sollten nicht versuchen, einen Frosch zu einem Elefanten zu machen oder umgekehrt. Wir sollten versuchen, die anderen so zu sehen, wie sie sind und nicht so, wie wir sie haben möchten. In einem Zoo werden wir wilde Tiere, Löwen und Tiger sehen. Wir nähern uns ihnen nicht, sondern erfreuen uns aus der Distanz heraus an ihrem Anblick. Es wäre gefährlich, zu nahe an sie heranzugehen. In dieser Art sollten wir innerlich immer einen Abstand halten, der uns vom Geschehen trennt. Wir sollten versuchen, zu einem Zeugen zu werden. Dies wird uns ermöglichen, trotz aller äußeren Umstände innerlich ruhig und friedlich zu bleiben."

Wenn wir innerlich losgelöst sein können, wird es uns möglich, mit Freude in der Welt zu sein ohne durch all die Aufs und Ab nachteilig beeinträchtigt zu werden. Es wird immer Menschen geben, die wir lieben, die unglaublich freundlich sind zu uns, und andere werden wir nicht mögen, weil der Umgang mit ihnen schwierig ist. Es wird uns leichter fallen, diese anzunehmen, wenn wir ihre Vergangenheit kennen und ihre Probleme, Schmerzen und

Leiden verstehen können. So kann das in uns angelegte Mitgefühl sich zeigen und sich entwickeln. Wenn wir Menschen, die uns ärgern, näher kennen lernen, sehen wir oft, dass sie aus äußerst traurigen oder schwierigen Verhältnissen kommen. Meistens ist es uns nicht bewusst, wie tief andere Menschen leiden, weshalb wir sie falsch beurteilen. Vielleicht wurden diejenigen, die jetzt schwierig sind, misshandelt oder erhielten von ihren Eltern nicht genügend Liebe. Amma sagt, dass ein Baby sich schon im Mutterleib nicht richtig entwickeln kann, wenn es nicht mit Liebe erwartet wurde. Oft sind die Eltern schwieriger Menschen Alkoholiker oder Drogenabhängige. Solche Kinder tragen oft Wunden durch das Leben, die nie heilen. Wenn wir die Situationen aus einem breiteren Blickwinkel verstehen, können wir uns aus den Ketten der Bindung lösen, die durch unser verurteilendes Denken entstehen.

Amma sagt: "Seid nicht wie eine Kamera, seid wie ein Spiegel." Spiegelt, lasst los und seid nicht verhaftet. Amma lässt sich nicht in negative Gefühle verwickeln. Sie ist reine Spiegelung, die mit Liebe beobachtet und uns zu uns selbst zurückspiegelt. Sie hält nie an etwas fest, sondern lässt alles ohne Verurteilung an sich vorbeiziehen. Wir anderseits sind eher wie Kameras, die alle Einzelheiten festhalten und als Beweis gebrauchen. Die unglaubliche Freiheit, die aus der Loslösung kommt, erlaubt es Amma, etwas zu tun, was niemand anderer kann: ein jedes von uns bedingungslos zu lieben und Tausende von Menschen, einen nach dem anderen, zu umarmen.

Während wir uns in der Welt bewegen, müssen wir lernen, die anderen Menschen richtig zu verstehen und sie alle ohne Erwartung einer Belohnung zu lieben. Amma erwartet von uns, dass wir die Lage der Mitmenschen, ihre Lebensumstände, ihre geistige Veranlagung verstehen und ihnen dienen.

Kapitel 11

Innere Freiheit schaffen

*„Hass verschwindet nie durch Hass.
Er heilt nur durch Liebe."*

– Spruch aus dem Buddhismus

Wenn wir uns von negativen Erfahrungen in unserer Vergangenheit nicht lösen können, werden wir nie wachsen. Nur durch Vergebung können wir unseren Schmerz heilen. Meist verletzen uns die Menschen, weil sie selber leiden. Wenn wir mitfühlend hinter die Fassade zu schauen lernen, erkennen wir die weitreichenden Auswirkungen von Schmerz aus unzähligen Leben. Dieser Kreislauf des Schmerzes wird sich fortsetzen, solange wir uns nicht aus der Verstrickung unserer geistigen Konzepte befreien und zu vergeben lernen. Es braucht viel Größe zu vergeben, besonders wenn ein Anderer im Unrecht ist.

Göttliche Vergeltung wird diejenigen treffen, die uns verletzt haben. Wir sollten Vergeltung nicht absichtlich selbst in die Hand nehmen. Es ist schädlich, Rache zu nehmen oder Menschen dafür zu strafen, die uns verletzt haben. Jedermann kreist in seinem eigenen karmischen Zyklus. Alle Schmerzen, die wir anderen zufügen kommen eines Tages zu uns zurück – warum uns also schaden, indem wir uns rächen? Stattdessen lasst uns ganz einfach aus unseren eigenen schwierigen Erfahrungen lernen. Wer weiß, was wir in anderen Leben getan haben und nun selber erleiden müssen?

Amma gibt dazu ein Beispiel: Wir gehen im Dunkeln und verletzen uns an einem Dornbusch oder Stacheldraht. Aber anstatt uns darauf zu konzentrieren, den Schmerz zu heilen, halten wir an den Dornen fest und schreien: „Ihr habt mich verletzt, lasst mich los, lasst mich los!" Dabei sind wir es, die festhalten. Obwohl es nur für unser eigenes Wohl wäre, sind wir noch nicht bereit, loszulassen und uns damit von dem Schmerz zu befreien. Eines

Tages müssen wir alles loslassen. Warum es also nicht eher früher als später tun, bevor wir nach all der selbst verursachten Seelenqual und den Verletzungen voller Narben sind? Warum nicht vergeben und frei werden?

Es ist zu unserem eigenen Vorteil, wenn wir zu vergeben lernen. Und was den Schmerz betrifft werden wir nie wirklich verstehen, warum wir ihn haben mussten. Es gibt Dinge im Leben, die wir nie verstehen können. Einiges davon können wir nicht einmal zu ergründen versuchen. Um uns zu heilen, müssen wir annehmen, dass dieser Schmerz unser Karma ist (das Gesetz von Ursache und Wirkung), das auf uns zurückkommt und dass wir denen vergeben müssen, die als das göttliche Werkzeug dienten, um die Botschaft zu vermitteln.

An einem Nachmittag hielt Amma am Meeresufer von Amritapuri einen Satsang zum kommenden Neujahr. Sie sagte, anstatt gute Vorsätze zu fassen, sollten wir eine Anstrengung machen, zu vergeben. Falls wir mit jemand im Streit sind oder nicht mehr miteinander sprechen, sollten wir diejenigen sein, die sich entschuldigen und um Vergebung bitten. Sie hatte solche Satsangs verschiedene Male wiederholt und gesagt, dass wir vergebend auf Familienmitglieder zugehen sollten, die sich von uns distanzieren. Bei einer solchen Gelegenheit erkannte ein Devotee zögernd, was er tun sollte. Noch während des Satsangs sandte er per Telefon eine Email an seinen Stiefvater und entschuldigte sich für die schlechte Beziehung, die sie hatten. Er bat um Vergebung und sagte, er möchte neu beginnen, obwohl sie sich in den vergangenen 20 Jahren nicht verstanden hatten. Sein Stiefvater war äußerst gerührt und von Freude überwältigt. Er wollte sofort einen Neuanfang beginnen. Als der Devotee einige Monate später seine Mutter und den Stiefvater besuchte, erfuhr er, dass dieser an Krebs erkrankt war und nur noch wenige Monate zu leben hatte. Ihre Beziehung blühte auf und führte dazu, dass er den Stiefvater in seinen letzten Monaten pflegte und bei seinem Ableben an seinem Bett saß und ihm die Hand hielt. Diese gemeinsame Zeit der Heilung schaffte eine kostbare Beziehung, die für beide zu einer erstaunlichen spirituellen Reise führte. Wir müssen lernen, für diejenigen, die uns verletzen, zu beten. Zu beten, dass wir fähig sind, ihnen zu vergeben und dass sie Schmerz und Leid ertragen können, welche ihnen durch ihre Handlungen entstehen. Lassen wir den ‚Dornenstrauch' los und üben Vergebung. Wenn wir dies können, wird das Leben uns sehr zart umarmen.

Eine andere Devotee erzählte ihre Erfahrung, die sie mit Ammas Rat machte.

Mein jüngster Bruder arbeitete viele Jahre im World Trade Center. Er befand sich zur Zeit des Anschlages im Gebäude. Nachdem das erste Flugzeug hineinkrachte, konnten er und einige seiner Mitarbeiter entkommen. Sie waren daran, ins Nachbargebäude zu gehen, als dort das zweite Flugzeug aufprallte. Sie rannten und konnten der Gefahr wieder entkommen. Da alle Verbindungen abgeschnitten waren, wussten wir den ganzen Tag nicht, ob sie überlebt hatten. Später hat mein Bruder nie über seinen Schmerz und das Trauma gesprochen. Er dachte nicht an psychologische Hilfe und sprach auch mit seiner Frau oder mir nicht darüber. Er tat so, als wäre es nicht geschehen. Ich sah, dass er litt, wusste aber keine Hilfe für ihn.

Amma lehrt uns, dass wir unsere Familienmitglieder lieben sollen, wenn sie leiden, aber zu jenem Zeitpunkt hatten mein Bruder und ich in den vergangenen fünfzehn Jahren keinen regelmäßigen Kontakt mehr gehabt. Es waren da viele Probleme in der Familie, die zu einer großen Distanz zwischen uns führten. Nun hörte ich Ammas Satsang und dass wir entfremdeten Familienmitgliedern schreiben, für sie beten und ihnen vorsichtig unsere guten Gefühle für sie mitteilen sollten. Sie sagt, auch wenn wir nicht wissen, was wir sagen sollen, können wir eine Email senden oder in einem kurzen Brief mitteilen, dass wir wissen möchten, wie es ihnen geht. Amma ließ uns in der Halle laut aussprechen, was wir den Familiengliedern schreiben wollten. So entschloss ich mich zu schreiben. Und dies war der Anfang von zwölf Jahren, in denen ich meinem Bruder schrieb. Jedes Jahr am

11. September sandte ich ihm ein paar Worte als Textmessage. Ich schrieb, dass ich ihn mag und sein Leiden verstehe und dass ich dankbar bin dafür, dass er lebt. Ferner sagte ich ihm, dass ich immer für ihn da bin, falls er sprechen möchte. Jahr um Jahr verging, aber er antwortete nie. Amma lehrt uns, ohne Erwartungen zu lieben. Deshalb sandte ich ihm diese jährlichen Botschaften und betete für ihn. Vor wenigen Jahren erhielt ich am 11. September eine Mitteilung meines Bruders. Er sandte mir alle meine Texte der vergangenen zwölf Jahre zu und schrieb als Beilage: „Ich habe deine Botschaften immer aufbewahrt und sie während des Jahres wieder und wieder gelesen. Du kannst dir nicht vorstellen, was sie mir bedeutet haben." Ich blätterte in den Botschaften, die ich ihm einmal pro Jahr gesandt hatte – ohne zu wissen, ob er sie las, ob er sie mochte oder ob sie ihm Wohlbefinden brachten. Ich begann zu weinen. Amma zeigte mir, dass Liebe und Versöhnung

kraftvoller sind als der Schmerz von Terrorismus. Wie der stete Tropfen auf den Stein wird Liebe einst gewinnen.

Wir haben im Leben eine Wahl: Wir können in mehr Leid hinunterfallen oder wir können zur Vergebung und dem inneren Frieden gelangen. Man muss unglaublich stark und demütig sein, um den Weg des Vergebens zu gehen – die meisten sind nicht voll bereit für dieses heroische Unterfangen. Ein spirituell Suchender muss sich daran erinnern, dass wir nur durch Vergebung höher steigen können, so schwierig es auch sein kann. Wer sich an die Vergangenheit klammert, erfährt dadurch keine Hilfe. Wer Gott entgegengehen will, muss lernen, zu vergeben und zu vergessen.

Wenn jemand eine Pflanze mit Dünger versorgt, was macht diese damit? Sie zieht aus dem übelriechenden Dünger die Mineralstoffe und gebraucht sie für ihr Wachstum. Sie denkt nicht: „O, was hast du mir angetan?" Sie wird aus dem Mist nur die Nährstoffe aufnehmen und sie brauchen, damit schöne Blüten wachsen können. Genauso können wir durch Vergebung zu wunderbaren spirituellen Blumen werden,

die einen kostbaren Duft von selbstloser Liebe
verströmen.

Kapitel 12

Immer ein Beginner

„Um Kritik zu vermeiden – tue nichts, sage nichts, sei nichts"

– Elbert Hubbard

Wenn wir zuerst zu Amma kommen, denken wir vielleicht, dass wir schon beinahe perfekt sind und kurz vor der Schwelle der Selbstverwirklichung stehen. Aber nach einiger Zeit, wenn die Jahre vorbeigehen und die anderen unausweichlich unsere versteckten Negativitäten auslösen, entdecken wir langsam, dass wir nicht so perfekt sind, wie wir anfänglich dachten. Es ist wie mit dem Küchenboden. Wir denken, er sei sauber; ziehen wir ihn jedoch mit einem nassen Tuch ab, kommt vielerlei Schmutz zum Vorschein. Wenn wir mit uns selber ehrlich sind, fangen wir an zu merken, wie weit wir von Perfektion entfernt sind – wir

sind genau wieder an der Startlinie – für immer
ein Anfänger. Unsere Mängel zu bemerken ist
ein guter Beginn auf dem Weg zur Bescheidenheit. Wenn die Illusion, wir seien nett, zerstört
wird, können wir anfangen, die Bruchstücke
aufzuheben und mit uns selbst ehrlicher werden. Spirituelle Übungen sind wie ein feuchtes
Tuch, das alle Unreinheiten unseres Geistes auf-
nimmt. Sie verhelfen uns zu größerer Bewusstheit, zum inneren Aufräumen und machen uns
heil. Wenn wir einen Fehler bemerken, sollten
wir nicht einfach damit aufhören - wir müssen
weitergehen und lernen, wie wir ihn korrigieren
können. Wenn wir hinfallen, sollten wir nicht
einfach am Boden liegen bleiben, sondern uns
besinnen und die Kraft zum Weitergehen sam-
meln. Amma sagt, wir sollten wie Eisenspäne
sein, die von einem Magneten angezogen werden. Die Intensität, mit der wir mit Gott vereint
sein wollen, sollte uns inspirieren, nach jedem
Fallen wieder aufzustehen und weiterzugehen.

Kürzlich erzählte mir eine Frau, dass sie
traurig und wütend war, weil sie für etwas
Vorwürfe bekam, was sie nicht getan hatte.
Ich riet ihr zu schweigen und die Situation

anzunehmen, obwohl sie überhaupt keinen Fehler gemacht hatte. Ich kannte den Mann, mit dem sie den Konflikt hatte und ich sah voraus, dass die Geschichte kein Ende nehmen würde, wenn sie ihn konfrontierte. Normalerweise ging sie in solchen Situationen anders vor, aber sie war einverstanden, in diesem Fall zu schweigen. Einige Tage danach erzählte sie mir, dass dieser Mann sich bei ihr entschuldigte hatte. Die Haltung der Frau zeigte ihm, dass er einen Fehler gemacht hatte. Sein Benehmen tat ihm leid und er verstand, dass er selbst es war, der sich ändern musste.

Manchmal können wir nicht anders, als die Fehler den anderen zuzuschreiben. Dies geschieht, wenn wir nicht wahrhaben können, dass auch wir Fehler machen. Wie schnell würden wir Demut lernen und unsere Fehler annehmen, wenn wir Menschen, die uns korrigieren, als Amma sehen könnten. Wenn wir dazu fähig wären, würden wir liebevoll zu unseren Kritikern sagen: „Es tut mir leid. Danke, dass Sie mir zeigten, woran ich noch zu arbeiten habe", sogar wenn das nicht stimmt!

Wenn wir in jeder äußeren noch so verrückten Situation innerlich ausgeglichen bleiben, wird das karmische Band durchtrennt, das durch unsere Wut hätte entstehen können. Wenn wir aber kämpfen wollen, halten wir an dem Konflikt fest und er bleibt vielleicht für Jahre oder sogar bis in kommende Generationen hinein bestehen.

Wir müssen lernen, unsere karmischen Verhaftungen mit den Wurzeln auszureißen und unsere Konflikte völlig aufzulösen, sonst werden wir die gleichen schädlichen Szenarien immer wieder ausführen. Entsprechende Situationen und Umstände werden weiterhin auftreten, bis wir unsere Lektionen gelernt haben. Es sollte unser Ziel sein, aus unseren Fehlern zu lernen und sie nicht zu wiederholen. Wir haben jeden Tag die Gelegenheit, neu zu beginnen. Wenn jemand uns darauf hinweist, dass wir etwas Falsches gemacht haben, sollten wir uns anstrengen, dies so bescheiden wie möglich anzunehmen.

Es hilft nichts zu denken: „Ich bin ein Sünder. Ich habe so viele Fehler gemacht. Ich werde nie daraus lernen. Ich kann mich nicht ändern". Diese Haltung ist nicht richtig, wir sollten immer bereit sein, neu zu beginnen. Subtile Segnungen fließen uns immer zu, aber wir können sie nur einfangen, wenn wir eine positive Haltung pflegen. Wir sollten nicht Hoffnungslosigkeit und Versagen zum Opfer fallen.

Es ist nicht notwendig, allen Anderen unsere Schwächen mitzuteilen, das würde sie nur verstärken. Wenn ihr einen Fehler macht, nehmt ihn einfach wahr und nehmt in ruhig an; macht weiter und versucht, ihn nicht zu wiederholen. Bemüht euch, soviel Demut zu entwickeln, damit ihr glücklich sein könnt, wenn jemand euch auf eure Mängel aufmerksam macht. Es wäre so heilsam, wenn wir für Zurechtweisungen dankbar sein könnten. Fehler zu machen kann schmerzhaft sein, aber versucht daran zu denken, dass solcher Schmerz nur dazu da ist, damit wir nicht weiter uns selber verletzen. Jede unserer Handlungen bringt Auswirkungen. Wir sollten deshalb nicht den Anderen die Schuld zuschieben und denken: „Es ist ihr Fehler, nicht meiner". Wenn wir für unsere Handlungen die

Verantwortung übernehmen, werden im Leben so viele Segnungen folgen.

Wir sind immer bereit, jedermann mitzuteilen, dass wir etwas Großes geleistet haben oder etwas außerordentlich gut erledigten. Das ist okay, aber wir müssen uns auch eingestehen, dass wir manchmal Fehler machen. Das kann sehr schwer sein, aber sorgt euch nicht, es gibt immer reichlich Menschen in unserer Umgebung, die uns auf unsere Fehler, Mängel und unser Versagen hinweisen. Das Leben bietet endlos Gelegenheiten, um Demut zu entwickeln.

Ich erinnere mich an ein Vorkommnis, als Amma einen der Swamis ernstlich bestrafte, weil er den Abreisetag für die Europatour auf den frühen Morgen von Vijaya Dashami gelegt hatte.

Das ist in Indien ein wichtiger Feiertag, wo der Sieg über das Böse zelebriert wird. Es ist ein besonders heiliger Tag, an dem die kleinen Kinder in das Lernen eingeweiht werden. Amma war aufgebracht, weil sie zu dieser Zeit mit uns allen im Ashram sein wollte. Dazu kam, dass der Swami für unsere Ankunft in Deutschland

einen unüblichen Ruhetag eingeplant hatte.
Amma war darüber gar nicht erbaut. Nach
unserer Abfahrt vom Ashram rief sie den Schul-
digen vom Auto aus an und schimpfte: „Warum
hast du das getan? Warum soll ich an diesem
besonderen Tag abreisen? Ich wollte bei meinen
Kindern sein!" Er befand sich auf der anderen
Seite der Welt, wo es drei oder vier Uhr morgens
war. Die Telefonverbindung war schrecklich
und er konnte nicht wirklich verstehen, was
Amma sagte. Es war klar, dass sie nicht mit
ihm zufrieden war, aber anstatt aufgebracht zu
sein, dachte er, wie speziell es war, ihre Stimme
in dieser besonders heiligen Zeit am Morgen zu
hören. Er war hingerissen, weil er wusste, dass
alles von Amma eine Segnung ist, was immer
es auch sei. Sogar eine Strafe zeigt uns, dass wir
ihr wichtig sind und dass sie uns zur Perfektion
führen will. Mit einem Herzen voll Freude legte er auf, setzte sich hin und komponierte ein
Bhajan. Es war so wundervoll, wie er seinen
Fehler annehmen konnte. Er war diszipliniert
worden, aber mit seiner demütigen Einstellung,
dank welcher er die Stimme seines Gurus als
Segnung hörte, konnte er die Zurechtweisung

in göttliche Musik umsetzen. Wir haben bei allem, was zu uns kommt, eine Wahl. Wollen wir kämpfen und unser Ego stärken? Oder ergeben wir uns und verwandeln die Situation in eine wunderbare Melodie, die wir der Welt schenken können?

Wir haben keine Kontrolle über Situationen oder Vorkommnisse, die in unserem Leben auftreten. Das Einzige, was wir kontrollieren können ist die Haltung, in der wir sie annehmen. Lasst uns eine Anstrengung erbringen und alles in wunderschöne Bhajans verwandeln, die wir jeden Abend mit Amma singen können.

Kapitel 13

Das Ungeheuer
des Geistes

„Die vier schwierigsten Aufgaben auf
dieser Welt sind weder körperlicher noch
intellektueller Natur. Sie sind spiritueller Art
wie Hass in Liebe umzuwandeln, Ausgestoßene
aufzunehmen, zu vergeben ohne eine
Entschuldigung des Täters zu bekommen und
die Fähigkeit, zu sagen: ‚Ich war im Unrecht‘.

– Autor unbekannt

Wir sollten versuchen, in allen schwierigen
Situationen geistigen Frieden zu bewahren. Es
ist sehr schwierig, diese Ausgeglichenheit jederzeit zu behalten, aber sie ist das echte Zeichen
einer blühenden Spiritualität. Die Wellen des
Geistes versuchen immerzu, uns ins Meer von
maya (Illusion), in welchem die Welt schwimmt,

hinunterzuziehen und zu ertränken. Solche geistigen Wellen können wuchtiger sein als ein Tsunami – sie versuchen, alles zu zerstören. Unsere Bemühung und die spirituellen Übungen werden uns helfen, im Gleichgewicht zu bleiben, wenn wir auf dem Drahtseil balancieren, aber sie genügen in schwierigen Situationen nicht immer, um in der richtigen inneren Haltung zu bleiben. Deshalb benötigen wir die Führung eines perfekten Meisters. Es gibt Yogis, die seit Jahrzehnten im Himalaya meditieren, aber wenn es darum geht, wer sein Essen zuerst erhält, können sie mit einander in Streit geraten. Sie auferlegen sich sehr intensives Tapas (spirituelle Übungen), und doch können manchmal wirklich kleine Dinge solche sehr erfahrenen Yogis aus der Fassung bringen. Nur die tiefgreifende Gnade des Gurus kann diesen widerspenstigen Schatten des Egos langsam beseitigen.

Wir müssen die Gnade erwerben, die es unserem Geist erlaubt, in friedlicher Bewusstheit zu bleiben. Diese Bewusstheit ist die stärkste Waffe, die wir gebrauchen können, um die in uns lebenden Ungeheuer zu zerstören. Um sie völlig zu besiegen, benötigen wir die Gnade und die Kraft eines perfekten Meisters wie Amma. Ihre Liebe und Führung werden mit der Zeit alle unsere Negativitäten und unseren Schmerz schmelzen lassen. Ich bete oft: „Lass mein Leben für den Dienst an Amma bestimmt sein und möge ich die Kraft haben, der Welt zu dienen." In solchen Momenten wird bestimmt meine Türglocke klingeln und ich werde seufzen: „Wer stört mich schon wieder?" Dann gehe ich hinaus um zu sehen, was der Störenfried wünscht. Meist ist es jemand, der seine Hilfe anbieten will und ich fühle mich schlecht, weil ich mich geärgert hatte. Ich kehre zu meinem Seva zurück und die Türglocke läutet erneut... oft gleich danach, sobald ich mich wieder hingesetzt habe... und so geht das Spiel weiter.

Dann denke ich nach und überlege: „Wofür bete ich eigentlich? Das ist doch eine Gelegenheit, mein Gebet zu erfüllen und jemandem zu dienen!" Aber ich vergesse es. Amma erinnert uns stets daran, dass wir immer Anfänger sind, ungeachtet der vielen Jahre, die wir im spirituellen Leben verbracht haben. Man kann Jahrzehnte bei einem Mahatma leben, aber wenn unsere innere Haltung nicht aufrichtig und verfeinert ist, werden wir nicht wachsen oder echten Geistesfrieden haben. Man kann viele Jahre in Ammas Nähe sein, aber das garantiert gar nichts, wenn wir nicht lernen, unseren Geist richtig zu gebrauchen. Es genügt nicht, einfach nur neben Amma zu sitzen, wir müssen auch ihre Lehren in unserem Leben in die Praxis umsetzen. In den Anfangsjahren ließ Amma uns täglich acht Stunden lang in Meditation sitzen, was äußerst schwierig war. Später erklärte sie uns, einer der Gründe dafür sei gewesen, dass wir immer äußeren Umständen die Schuld an unseren Problemen gegeben hatten. Es ist so leicht, in diese Falle zu geraten und zu denken: „Jener Mensch dort hat meine Schwierigkeiten verursacht! Ich habe Probleme wegen den Anderen!" Wenn wir uns niedersetzen und Meditation üben, sehen wir, was eigentlich in unserem Geist vor sich geht und wenn wir ehrlich sind, erkennen wir, dass wir allein der Hauptgrund all unserer Probleme sind. Amma möchte uns erkennen lassen, dass wir an uns selbst arbeiten müssen, anstatt anderen die Schuld an unserer misslichen Lage zuzuschieben.

In Ammas Gegenwart zu sein und ihr zuzuschauen ist wirklich eine schöne Erfahrung. Ich weiß, dass ich unglaubliches Glück habe, so nahe bei Amma sein zu dürfen. Wenn wir außerhalb des Ashrams auf Reisen sind und lange Distanzen im Camper zurücklegen müssen, legt Amma sich zum Ausruhen auf den Boden. Da sie stundenlang für Darshan sitzen muss ohne Gelegenheit, sich zu bewegen, ist die Zirkulation in ihren Beinen schlecht. Ich versuche manchmal, ihre Füße zu massieren. Dies ist ein klein wenig Komfort, den sie sich in ihrem Leben erlaubt und auch dann denkt sie zuerst an mich. Wenn ich am Boden sitze und ihre Füße massieren möchte, legt sie sich in eine völlig unbequeme Stellung, um es für mich praktisch und leicht zu machen, sie zu erreichen. Es macht mich so traurig, dass sie sich in einem solchen Moment des Ausruhens unbequem hinlegt, damit ich es bequem habe.

Die Schwingungen, die dann von Amma ausgehen, beruhigen die wilden Tiere des Geistes. Es gab Zeiten, wo ich zu Tränen gerührt war, wenn ich daran dachte, welches Glück ich habe, so nahe bei ihr zu sein. Ammas Gegenwart kann Schwingungen bewirken, die unseren Geist schmelzen lassen und die gefährlichen inneren wilden Tiere zu süßen kleinen Kätzchen zähmen. Manchmal, wenn ich ihre Füße berühre, denke ich an all die Menschen, die mich gelegentlich ärgern. Dann stelle ich mir vor, zu ihnen hinzugehen und zu sagen: „Es tut mir leid. Ich vergebe dir". Meine ganze Negativität schmilzt dahin und ich möchte für immer gut sein und mich in alle Umstände ergeben. In solchen Augenblicken schaffen ihre Schwingungen so viel Liebe in mir, dass die eiserne Mauer des Egos völlig abbröckelt. Das Problem ist, dass diese Wand nur zeitweilig wegfällt. Nach kurzer Zeit, wenn ich ihre Füße nicht mehr berühre, baut sie sich langsam wieder auf und ich denke: „Nun gut, ich muss diesem Menschen eigentlich nichts sagen…"

Nur eine Berührung von Amma kann all unsere Negativität auflösen und verschwinden lassen. Bedauerlicherweise erlauben wir ihr jedoch, zu rasch zurückzukehren. Das Ego wird hartnäckig zu uns zurückkehren, um uns zu belästigen. Amma kann unsere inneren Barrieren beseitigen, aber es liegt an uns, sie nicht wieder aufzubauen. Amma vergibt uns laufend und ermutigt uns immer wieder, unsere Unterscheidungskraft einzusetzen und das Richtige zu tun. Es braucht ganze Leben, die wir mit spirituellen Übungen verbringen, bis dieses negative Fließen des Geistes aufgehalten werden kann und wir die Kraft und göttliche Gnade erhalten, die uns ermöglicht, das Ziel zu erreichen und Göttlichkeit überall zu sehen und zu erfahren. Wir sind hier, um den Geist zu meistern, damit wir wie Amma die wahre Schönheit der Schöpfung sehen können. Wir müssen aufhören, die Schuld Anderen zuzuschieben und sollten zufrieden sein mit dem, was wir erhalten. Jedes schwierige Problem, das zu uns kommt, ist tatsächlich eine schöne Lektion in Verkleidung. Alles ist vom Göttlichen geplant, um uns etwas zu lehren, das uns helfen wird, unser Leiden zu überwinden. Das Problem ist, dass wir einem Feind vertrauen, der immer versuchen wird uns zu betrügen - unserem Geist! Wir machen diesen verrückten

Geist zu unserem besten Freund und vertrauen all den absurden Dingen, die er uns erzählt.

Amma weiß was wir brauchen, um diesen Zustand der ausgeglichenen Sicht zu erreichen, wir sollten daran nicht zweifeln, aber es ist nicht leicht, sich an diese Wahrheit zu erinnern, wenn die dunklen Wolken von Maya unsere Unterscheidungsfähigkeit beeinträchtigen.

Amma hat gesagt, dass es so leicht sein kann, das Göttliche zu sehen und zu fühlen, aber dass es außerordentlich schwierig ist, nicht in die Fängen von Maya zu geraten. Man kann zu sich sagen, „Lass mich einfach in diesem gegenwärtigen Moment sein und meine Unterscheidungsfähigkeit gebrauchen. Von allem, was zu mir kommt, kann ich eine wichtige Lektion lernen". Es stimmt nicht, wenn wir denken, jemand Anderer oder eine äußere Situation schaffe unsere Probleme. All unser Leiden kommt nur von den Ungeheuern in unserem eigenen Geist. Versucht, diese schlechten Geister zu kontrollieren, bevor sie euch verschlingen. Wenn wir uns bewusst anstrengen, sie unter Kontrolle zu bringen, werden wir die geistige

Kraft gewinnen, um unsere Negativitäten für immer wegzuschmelzen.

Es braucht viele Leben, in denen wir bewusst versuchen, gut zu werden, damit wir den letzten Zustand der Gottesverwirklichung erreichen können. Deshalb versuchen wir so gut wir können, ein gutes Leben zu führen, Schritt für Schritt, wie es uns möglich ist. Je mehr wir es versuchen, desto leichter wird es. Wenn wir uns bestmöglich anstrengen, wird Ammas Gnade uns sicherlich eines Tages zum endgültigen Ziel der Gottesverwirklichung führen.

Kapitel 14

Amma löst alle Negativitäten auf

„Verzicht bedeutet, die richtige Einstellung zu haben. Wenn man sich geistig gelöst hat, kann die ganze Welt um uns herum sein ohne uns zu beeinträchtigen.

— *Amma*

Wenn wir unseren Kopf über Wasser halten können, wenn die Wellen der Existenz uns bedrohen, dann kann das Spiel mit den Wellen eine herrliche Erfahrung werden. Wenn wir uns bemühen, die Freude im Leben zu sehen und dankbar zu bleiben, auch besonders in Zeiten großer Herausforderung, dann wird das Leben zu einem kostbaren Geschenk, das uns in die Höhen der Spiritualität bringt. Damit wir dies erreichen, müssen wir unsere guten

Eigenschaften stärken. Das wird helfen, die negativen Tendenzen zu vermindern. Unsere Selbstsucht zu überwinden ist keine leichte Aufgabe. Der einzige Weg, uns von geistigen Qualen und den in uns lebenden Dämonen zu befreien, ist zu erkennen, was sie wirklich sind. Unsere wahre Natur ist reine Liebe – aber es ist schwierig, beinahe unmöglich, Menschen zu lieben, wenn wir aufgebracht sind oder völlig von ihnen belästigt werden. Ein junges Mädchen, das ich kenne, sagte, dass sie in der Wut oft phantasiert, jemandes Augäpfel zu durchstechen.

Im Geist vieler Menschen spuken Phantasien, die voller Gewalt sind. Sogar in den Hinduschriften wird von einem Yogi berichtet, der so wütend wurde, dass er mit einem Blick einen Vogel zu Asche verbrannte.

Wenn wir negative *vasanas* in uns haben, ist es wichtig innere Loslösung zu üben. Wir sollten sie erkennen und zu ändern versuchen, aber wir müssen auch vorsichtig sein, dass wir uns deswegen nicht selbst hassen. Uns selber vorzuwerfen: „Ich bin so schrecklich, ich habe diesen und diesen Fehler" wird unsere Bindung an diese Negativität nur verstärken. Versucht festzustellen, was ihr ändern müsst und bemüht euch, dies zu tun ohne auf euch selbst wütend zu werden. Entspannt euch – jedermann hat Fehler- tut nur euer Bestes, um sie wegzuschrubben.

Wir können nicht immer jedermann lieben, aber wir können mindestens versuchen, nicht ärgerlich mit ihnen zu werden, wenn wir aufgebracht sind. Das Einzige, was die Essenz reiner Liebe in uns daran hindert, in Erscheinung zu treten, sind unsere Wut und das Ego. Wenn wir unseren Geist mit Bewusstheit füllen, ist da überhaupt kein Platz für Wut. Wenn wir jeden Moment das Göttliche in unserem Bewusstsein behalten, werden unsere Negativitäten schwächer und sich schließlich auflösen. Sie können blitzartig verschwinden, wenn sie durch einen in uns aufsteigenden positiven Gedanken abgelöst werden.

Vor einigen Jahren war in der Tour -Gruppe nach Mauritius ein Teenager mit dabei, der manchmal etwas mutwillig war. Schließlich wurde er von jemand gescholten: „Du bist so ungezogen! Du bist so schlecht! Du solltest dich wirklich nicht so benehmen!" Ich beobachtete, wohin das führen würde und vermutete, der Junge würde jeden Moment sehr aufgebracht reagieren, aber er blieb ruhig und locker und lächelte. Ich war von seiner Selbstkontrolle beeindruckt. Es ist sehr schwer für einen Teenager, ruhig zu bleiben und zu schweigen (vor allem, wenn er angeschrien wird), aber anstatt zu reagieren und wütend zu werden, blieb er die ganze Zeit still. Später entdeckte ich, dass der Junge in der Nähe eine Pizzeria entdeckt und ein Stück Pizza und ein Soda eingekauft hatte. Er war überglücklich, etwas Anderes als eine indische Mahlzeit essen zu können. Die Schelte konnte ihn deshalb nicht aus der Stimmung bringen. Er genoss seine Pizza und seine einzige Antwort auf die Schelte war ein Lächeln: „Ihr könnt alles zu mir sagen, es spielt keine Rolle, weil ich die Pizza habe und jetzt glücklich bin!" Ich freute mich an seinem charmanten Beispiel, völlig im gegenwärtigen Moment zu bleiben.

Wir sollten unser Leben in der gleichen Weise sehen. Wir haben Amma und dadurch haben wir alles. Wir haben so viel mehr als die meisten Menschen auf der Welt. Wir sind beim größten Mahatma, den es je gab. Wir sollten unser Leben so sehen, wie dieser Junge seine Pizza. Auch wenn es etwas „käsig" klingt: „Amma ist unsere Luxuspizza mit allem drauf!"

Die Wahrheit ist so einfach, aber leicht zu vergessen –der Geist versucht immerzu, uns zu betrügen. Wir sollten uns nie mit ihm anfreunden, denn wie bei der Erdanziehung ist es seine Natur, uns zu Negativität hinunterzuziehen. Wir können als Beispiel einen Korb voller Krabben nehmen. Wenn eine nach oben klettert um sich zu befreien, werden die anderen Krabben sie sofort anhalten und hinunter ziehen. Wenn diejenigen am Boden des Korbes sich nicht befreien können, erlauben sie es den Anderen nicht, frei zu werden. Dieses klassische Beispiel wird als Krabbensyndrom bezeichnet. Wenn wir in Elend und Ruhelosigkeit gefangen sind, wird es uns ein wenig geistigen Frieden geben zu wissen, dass es Anderen auch schlecht geht.

Im Westen raten viele moderne Psychologen, tief in unsere Gefühle hineinzugehen und uns zu erlauben, sie zu betrachten und so tief zu fühlen wie möglich. Gedanken und Emotionen sind vergänglich und kommen aus unserem immer sich ändernden Geist, der seine Wurzeln in Maya hat.

Sie ändern sich dauernd. Warum nehmen wir sie trotzdem so wichtig? Wir bestärken sie mehr als erwünscht und klammern uns an sie, wenn wir uns zu sehr mit ihnen befassen. Ich kenne eine Studentin, die sich eine Weile mit Psychologie befasste, aber spürte, dass sie dadurch geistig mehr durcheinander gebracht wurde. Sie arbeitete ein Jahr lang mit einem Therapeuten an ihren Problemen, der ihr empfahl, sich tief in ihre Gedanken und Gefühle zu versenken. Ihr Geist wurde so unruhig, dass sie Tabletten benötigte, um nachts schlafen zu können. Unsere Emotionen wechseln andauernd wie die Wellen des Ozeans, die an die Küste rollen. Man soll sie nicht zu wichtig nehmen, sonst ziehen sie uns wer weiß wohin. Bleibt einfach frei von Verhaftung und beobachtet von der Küste aus, wie sie herein- und herausfließen. Ich fand für mich selbst heraus, dass in jeder Hinsicht für mich gesorgt war, wenn ich mich auf meinen Dienst im Ashram konzentrierte, ohne mich dabei von persönlichen Gefühlen stören zu lassen. Wir neigen dazu zu glauben, dass wir immer denken und fühlen und in Kontakt mit unseren immer wechselnden Emotionen sein müssen. Aber wenn wir zu viel denken, werden wir leicht weggetragen in eine nicht so wunderbare Welt voller eingebildeter Probleme. Wir werden in einem dunklen, trüben Meer von Gedanken wiederholt gegen die Felsen der Küste geschmettert. Anstatt sich in trügerischen, enttäuschenden Gedanken zu verlieren, ist es viel besser, unsere Energie auf etwas Positives zu lenken oder ein Mantra zu wiederholen.

Es wird gesagt, dass Gott alles in dieser Welt erschuf außer dem Ego. Das hat der Mensch geschaffen, deshalb ist es so stark in uns. Wir können es nicht aus eigenen Kräften überwinden – wir sind ihm zu nahe und können es nicht klar erkennen. Es folgt uns wie ein Schatten in alle Situationen. Die einzige Möglichkeit, es für immer aufzulösen, liegt in der Gnade eines perfekten Meisters.

Wenn wir Amma zur Lehrerin haben, sind die Tage des störenden Egos garantiert gezählt. Einige sagen, dass es keinen spirituellen Meister brauche und man Befreiung allein erreichen könne, aber das stimmt nicht wirklich. Nur ein kleinster Prozentsatz von Menschen ist fit für den Weg ohne Meister. Die meisten von uns sind es nicht. Das Schöne an einem Guru ist, dass Amma uns von unserem Ego trennen kann. Sie nimmt allen Schmerz und alles Leiden weg und ersetzt es durch Liebe.

Kapitel 15

Selbstloser Dienst führt zur Gnade

„Es ist wirklich sehr einfach. Ihr müsst nicht wählen zwischen Freundlichkeit zu euch selbst und zu anderen. Es ist alles eins und dasselbe."

– Piero Ferucci

Amma weist darauf hin, dass die Sonne das Licht einer Kerze nicht braucht. Ebenso braucht Gott nichts von uns, denn er gibt alles. Wir sollten erkennen, dass gute Handlungen und Dienst nur zu unseren eigenen Gunsten sind. Gnade fließt zu denjenigen, die selbstlose Arbeit verrichten und in ihrem Leben spirituelle Prinzipien verankern, auch wenn sie nicht ‚religiös' sind. Eine der wichtigsten Lektionen, die ich von Amma lernte, ist die Macht des selbstlosen Dienstes, die einen Kanal für die göttliche

Gnade schafft. Wenn jemand kommt und fragt: „Kannst du mir hier helfen?" Dann hilf. Es ist Gott, der in Verkleidung kommt, um dir eine Gelegenheit zu geben, dein Herz zu öffnen und Selbstsucht zu beseitigen. Meist ist es sehr einfach, wie wir helfen können. Es braucht nicht viel Zeit oder Anstrengung und wer kann die Gnade kennen, die wir durch solche Aufgaben erhalten. Anderen zu helfen segnet uns mehr als wochenlange Meditationen. Es sind die kleinen, selbstlosen, einfachen Aufgaben, nichts Aufregendes, welche die Gnade zu uns locken.

Amma sagt immer wieder, ihr Geist erinnere sie an jene, die ihre Hilfe absichtslos anbieten, vor allem, wenn sie nicht müssen.

Auf der Europatour von 2013 auf dem Weg nach Holland war ein Halt an einem Seeufer geplant, wo Amma am späten Nachmittag ein frühes Abendessen servieren wollte. Das Gericht war schon zubereitet: Pommes frites und ein indisches Gericht aus gedämpften Reiskugeln mit einer süßen Füllung.

Während wir auf die Busse warteten, begann die Küchencrew mit den Vorbereitungen. Sie richteten auf dem Gras große Brenner ein und füllten große Pfannen mit Öl, worin die Pommes frites frittiert werden sollten. Während wir mehr als eine Stunde auf die Busse warteten, verwandelte sich der angenehme Nachmittag in einen kalten, dunklen, sehr windigen Abend. Amma entschied, dass wir nicht warten, sondern unseren Weg zum Programm in Holland fortsetzen sollten. Als wir vom Parkplatz wegfuhren, fiel mir auf, dass die Küchencrew mit ihren Töpfen voll heißem Öl und den Zutaten noch dort war. Sie taten mir so leid und ich wunderte mich, wie sie es wohl schaffen würden, das heiße Öl zu transportieren. Irgendwie kamen sie damit klar.

Als wir in der Halle ankamen entschied Amma, alle Anwesenden zu verköstigen, etwas mehr als 400 Personen. Die Küchencrew frittierte die Kartoffeln und bereitete in Rekordzeit ein vollständiges Essen. Amma teilte es aus und machte damit jedermann so glücklich. Für viele war es ihre erste Chance, von einem spirituellen Meister bedient zu werden. (Traditionell sollte es umgekehrt sein, aber Amma folgt dieser Tradition nie. Es ist immer sie, die uns bedient.) Ganz zum Schluss, als Amma eben aufstehen wollte, streckte sie ihren Arm aus und ergriff die Hand des Mannes, mit dem ich am meisten Mitleid gehabt hatte. Es war der Hauptkoch, der all die langwierigen Vorbereitungen organisiert hatte. Ohne offensichtlichen Grund küsste sie seine Hand liebevoll. Er war hingerissen. Wenn wir nichts zurück verlangen, erhalten wir mehr, als wir je erhoffen können. Amma muss uns nicht bei der Arbeit sehen oder gar davon hören; ihre Gnade fließt genau im richtigen Moment spontan. Das ist eine der schönsten Lektionen: wenn wir geben, erhalten wir so viel mehr zurück. Wenn jemand sein ganzes Leben lang immer nur nimmt – was wird am Schluss wirklich bei ihm sein?

Wenn wir erfahren haben, welche Freude das Geben uns bringt, füllt sich unser Herz automatisch. Wir erhalten tausendmal mehr zurück.

Wenn wir aufhören, nur an uns zu denken und uns auf die Anderen ausrichten, werden wir erleben, dass das Göttliche uns mit allem versorgt, was wir benötigen. Wir werden vielleicht nicht alles erhalten, was wir wünschen oder wonach wir verlangen, aber wenn wir mit Augen des Vertrauens schauen, erkennen wir, dass immer für unsere Bedürfnisse gesorgt wird. Fehlt etwas, ist es ganz einfach eine wertvolle Lektion, die das Göttliche uns lehrt. Kürzlich erzählte ein Devotee, der viel Seva verrichtet, was geschah, als seine Badehose kaputt gegangen war. Völlig unerwartet wurde er von Ammas Helferin gerufen, die ihm sagte, dass Amma etwas für ihn habe. Er war ein wenig verwirrt – was konnte Amma wohl für ihn haben? Er erhielt ein kleines Päckchen. Er öffnete es und fand darin die Badehose, die er vor zwei Jahren im Pool von Amritapuri verloren hatte! Ein Devotee aus Mauritius hatte ihn zu Amma gebracht, weil er dort an einem Programm zurückgelassen worden war. (Wie dieser Badeanzug nach Mauritius gelangte, war ein totales Mysterium.) Amma gab ihm den Anzug nun genau zum richtigen Zeitpunkt zurück. Er nahm wahr, dass Amma uns immer genau zur richtigen Zeit mit allem versorgt, was wir brauchen.

‚Nimm an, was sich dir zeigt und sei glücklich mit dem, was du hast. Denke daran, dass das Göttliche immer für uns sorgt‘. Dies ist wirklich die beste Regel, mit der wir leben können. Manchmal mag es scheinen, als ob wir nicht all das bekommen, was wir benötigen. Oder wir leiden trotz unserer guten Handlungen grundlos. Da müssen wir erkennen, dass diese gegenwärtige Erfahrung das Ergebnis von Handlungen ist, die wir in der Vergangenheit getan haben.

Wir müssen stark genug sein um allem zu begegnen, das im Leben zu uns kommt. Alle Schwierigkeiten sind verkleidete Segnungen. Wenn wir alles bekämpfen, werden wir immer leiden. Oft denken wir: ,Nein, das ist falsch, es ist ein Fehler. Es ist nicht richtig, es ist nicht fair!'

Nehmt an, dass alles für das eigene Wachstum geschieht, damit die versteckten inneren Talente zum Vorschein kommen können. Wenn wir so denken können, wird unsere Reise durch das Leben leichter.

Wenn wir versuchen, gute Menschen zu sein, wird dieses Gute eines Tages zu uns zurückkehren. Wir können an der Vergangenheit nichts ändern. Jede unserer Aktionen hat eine Reaktion und diese Reaktion kommt genau jetzt zu uns. Wir können dem nicht entfliehen, aber was wir im gegenwärtigen Moment tun, wird unsere Zukunft bestimmen. Wir können die Vergangenheit nicht ausradieren, aber wir können unsere negativen Reaktionen in der Gegenwart kontrollieren, wenn wir das Gesetz von Karma verstehen. Wenn wir beten und uns bemühen, unsere schlechten Gewohnheiten mit gutem Handeln zu ersetzen, dann kann die Gnade des Satgurus etwas vom negativen Karma, das zu uns zurückkommen muss, von uns wegnehmen. Amma nimmt vielleicht nicht alles weg, weil wir manchmal leiden müssen, damit wir etwas Wichtiges lernen, aber wenn wir uns weiterhin ernsthaft bemühen gut zu sein, wird Amma unser Leiden beträchtlich vermindern.

Jedermann erhält vom Göttlichen immer genau das, was gebraucht wird. Wenn wir unsere Praktiken richtig durchführen und selbstlos für die Anderen beten, werden wir uns geistig entwickeln und diese Wahrheit integrieren. Dies ist das Erstaunliche am Dienen: wenn wir anderen geben, erhalten wir so viel mehr zurück.

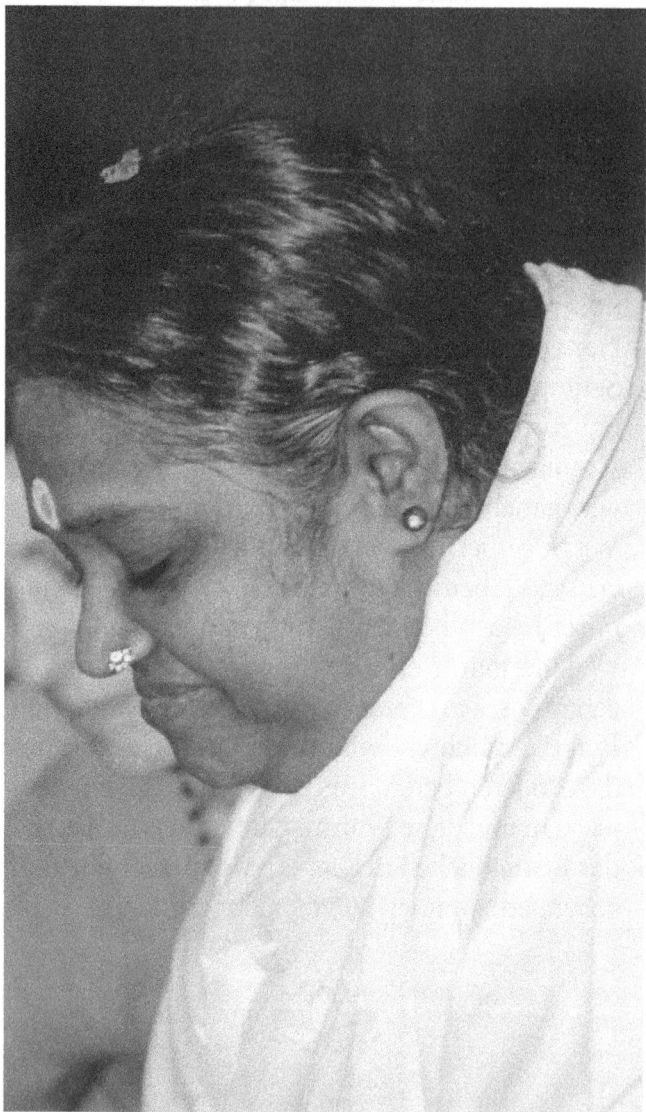

Kapitel 16

Der Göttliche Wille wird immer für uns sorgen.

„Wenn wir uns um das Heute kümmern, wird Gott für das Morgen sorgen."

— Mahatma Gandhi

Vertraut darauf, dass das Göttliche weiß, wie es sich um alles kümmern muss. Wir sind in der ganzen Schöpfung die einzigen Wesen, die sich endlos wegen sich selbst Sorgen machen. Wenn wir daran glauben, dass immer für uns gesorgt wird, können wir unsere Energie dafür einsetzen, anderen zu helfen.

Jesus sagt in der Bibel: „Deshalb sage ich euch: sorgt euch nicht um euer Leben, was ihr essen oder trinken werdet; oder um euren

Körper, was ihr anziehen werdet. Ist das Leben nicht mehr als Essen und der Körper mehr als Kleider? Schaut die Vögel am Himmel; sie säen, ernten oder horten nicht und doch werden sie von eurem göttlichen Vater gefüttert. Seid ihr nicht viel wertvoller als sie? Kann irgendjemand von euch durch das Sich-Sorgen seinem Leben eine einzige Stunde hinzufügen? Und warum sorgt ihr euch wegen Kleidung? Schaut wie die Blumen im Feld wachsen. Sie arbeiten oder weben nicht. Ich versichere euch, dass nicht einmal Salomon in all seinem Prunk so herausgeputzt war wie sie. Wenn Gott das Gras so kleidet, das heute wächst und morgen ins Feuer geworfen wird – wird er euch nicht besser kleiden, euch Kleingläubige? Sorgt euch nicht, indem ihr fragt, ,was sollen wir essen' oder ,was sollen wir trinken' oder ,was sollen wir anziehen' (Matthäus 6:25-32)

Vor einigen Jahren wurde ein sehr gläubiger Mann informiert, dass ihm seine Stelle wahrscheinlich gekündigt werde. Weil Anstellungen für Ingenieure damals schwierig zu finden waren, wusste er, dass nur die Gnade ihm helfen konnte. Amma befand sich auf der

Europatour, so suchte er im Internet und rief die Kontaktperson an. Er wusste, dass seine Chancen sehr klein waren, dass Ammas Gastgeber das Telefon abheben würde. Trotzdem, der Gastgeber meldete sich sofort. Der Mann fragte, ob er einen bestimmten Swami sprechen könnte. Der befand sich zufällig gleich neben dem Telefon. Der Swami sprach mit ihm und versprach, Amma zu informieren, dass er seine Arbeit verlieren werde. Fünf Minuten später bestätigte sein Vorgesetzter offiziell, dass er die Stelle verliere. Er rief sofort wieder den Swami an. Dieser ließ ihn gar nicht erst erzählen, sondern sagte, dass Amma gleich bei seinem Eintritt ins Zimmer gesagt hatte: „Mein Ingenieur-Sohn hat eben angerufen und sorgt sich wegen seiner Arbeitssituation." Sie fuhr fort: „Er sollte sich keine Sorgen machen, ich werde mich um alles kümmern." Er vertraute Amma vollkommen und entschied glücklich, dass er die freie Zeit mit Seva im San Ramon Ashram verbringen werde. Während er dort an der Arbeit war, besuchte die Frau eines Ingenieurs den Ashram und fragte ihn, ob er jemanden kenne, der Arbeit suche. Sie suchte nach jemandem, der genau die Fähigkeiten hatte, die er vorweisen konnte.

Wir erhalten alles was wir brauchen ohne zu fragen. Wenn wir lernen können, das mit Vertrauen und Glauben anzunehmen, was gegeben wird, ohne nach mehr zu fragen, werden wir erleben, dass immer Segen zu uns strömt.

Das Göttliche liebt uns wirklich und weiß, was für uns am besten ist, aber wir sind wie Kinder, die nur genau das annehmen, was sie wollen, ohne die Segnung zu sehen, die uns gegeben wird. Eine Devotee, eine Lehrerin, erzählt die Geschichte eines ihrer Schüler:

Da war vergangenes Jahr ein junger Mann in meiner Klasse. Er spielte Fußball, war hübsch, charmant, und freundlich mit seinen Klassenkameraden. Er war sehr intelligent, aber schrecklich undiszipliniert. Er kam jeden Tag glücklich und verspielt in die Klasse, aber wenn es an die Arbeit ging, wurde er weinerlich und klagte bitterlich. „Frau Lehrerin, ich hasse diese Klasse, da ist zu viel Arbeit. Ich werde versagen und will es nicht einmal versuchen. Ich kann es ohnehin nicht, sie machen es zu schwer." Jeden Tag war es dieselbe Geschichte. Ich war nett, ich war hart, ich war mitfühlend oder sehr ernst. Aber ich sagte immer „Ja, du kannst es", und „ja, du willst es." Ich muss zugeben, dass mich all dieses Klagen überforderte … Monat um Monat fand dieser Kampf statt. Seine Punkte schwanden und er durfte nicht Fußball spielen, wenn er unter ein C fiel. So kam er nach der Schule und ich half ihm am Nachmittag nachzuholen, aber am nächsten Morgen kamen die gleichen Klagen wieder. Ich war frustriert und versuchte, ihn von seinen Freunden zu trennen. Ich setzte ihn in ein anderes Zimmer, damit er sich konzentrieren konnte. Das erboste ihn noch mehr und machte ihn feindselig, aber ich sandte ihn täglich an seinen neuen Platz. Dann eines Tages, als keiner von uns beiden es erwartete, kam Amma überraschend vorbei.

Der Junge begann aufzumucken und ich sagte: „OK, es ist Zeit, dass du selbst ins Büro gehst". Er fing an zu jammern und klagen und ich fuhr fort: „Weißt du, was hier das eigentliche Problem ist?" Ich meinte es ernst und er wusste das. Er fragte: „Nein, was ist das Problem?" Ich sagte: „Mein Lieber, das Problem ist, dass du denkst, ich strafe dich, aber das stimmt nicht. Das wirkliche Problem ist, dass du einfach nicht weißt, dass Liebe so aussieht". Er hielt mitten im Raum abrupt an – man hätte eine Nadel zu Boden fallen hören. Ich konnte die kleinen Räder sehen, die sich in seinem Kopf drehten.

Er schaute mich völlig überrascht an: „Wirklich?" Ich antwortete: „Ja, mein Lieber, das ist Liebe. Und nun geh an die Arbeit". Er setzte sich von seinem Freund entfernt hin und arbeitete den Rest der Stunde konzentriert. Am Schluss ging ich zu ihm, legte meine Hand auf seinen Kopf und sagte „Siehst du, du machst so gute Arbeit, wenn du einmal begonnen hast. Du brauchst nur etwas Hilfe zum Anfangen." Nun würde ich gerne sagen, dass er nie mehr jammerte, aber das stimmt nicht. Er machte gelegentlich immer noch Schwierigkeiten, aber von diesem Tag an brauchte ich nur seinen Blick einzufangen und seinen Namen zu sagen. Ich konnte sehen, wie er sich an die Worte „So sieht Liebe aus" erinnerte und sein Verhalten änderte.

Die unerwartete Segnung für mich ist, dass ich seither nicht mehr darüber klage, was das Göttliche in mein Leben bringt. Es ist dann als ob ich Ammas Stimme hörte, die sagt: „Weißt du, was das wirkliche Problem ist? Das eigentliche Problem ist, dass du einfach nicht weißt, dass Liebe so aussieht!

Diese Wahrheit ist manchmal schwer zu erinnern, vor allem in schwierigen Zeiten – aber wenn wir uns dem göttlichen Willen fügen und die Liebe darin spüren können, dann ist unser Leben sicher gesegnet. Manchmal scheint es, als ob die äußere Welt wie ein Kampf ist, aber Amma erinnert uns daran, dass das eigentliche Schlachtfeld in uns drinnen ist. Es sind die negativen Emotionen wie Angst, Wut,

Eifersucht und Mangel an Vertrauen, die unsere wahren Feinde sind.

Amma lenkt unser Gefährt wie Sri Krishna durch den Kampf. Sie wartet geduldig, bis wir sie um Führung bitten. Wir sollten es uns zur Gewohnheit machen, zum Göttlichen zu sprechen und zu beten. Das ergibt ein inneres Gespräch mit unserem eigenen Selbst und lässt uns nicht auf das Geschwätz der negativen Gedanken hören, die versuchen, uns in die Irre zu leiten. Wenn wir zentriert bleiben, werden unsere Gedanken und Emotionen uns nicht ablenken und wir werden klarer und kontrollierter. Wir werden alle Antworten erhalten, die wir brauchen. Sie warten geduldig in uns und sind bereit, sich zu melden, wenn wir ihnen eine Chance geben.

Kapitel 17

Unser wahres Dharma finden

„Da ist ein wunderbares mystisches Naturgesetz, das aussagt, dass die drei Dinge, nach denen wir im Leben das größte Verlangen haben – Glück, Freiheit und geistigen Frieden – immer erreicht werden, wenn wir sie jemand Anderem geben."

– Peyton Conway March

Unsere wahre Lebensaufgabe ist zu wissen, wer wir sind und anderen zu dienen. Wir alle wollen eine gute Zukunft haben – dies hängt ab von dem, was wir in der Gegenwart tun. Die Gegenwart ist alles, was wir haben, deshalb tut jetzt gute Dinge. So einfach ist das. Warum neigen wir dazu, alles so kompliziert zu machen? Der Grund unseres Hierseins ist, ein achtbares Leben zu führen und gute Handlungen zu tun, wann immer wir können. Es ist viel wichtiger, unserem Dharma gemäß zu leben und zu handeln, als zu versuchen, unseren immer wechselnden Gedanken und Emotionen nachzugeben. Wir lenken zu viel unserer Energie auf die schwankende Welt unserer Gedanken und Gefühle. Erinnert euch einfach, dass für euch gesorgt wird und vergeudet keine Zeit mit ängstlichen Vorstellungen (von denen in Wirklichkeit nicht viele eintreffen). Anstatt sich auf euch selbst zu konzentrieren, gebraucht eure Energie für die anderen. Wenn wir versuchen, diesen höchsten Idealen nachzuleben, werden wir inneren Frieden finden.

Ich erinnere mich, dass Amma auf einer Autofahrt in Amerika einen Jungen fragte: „Was ist der Grund, wofür du geboren wurdest?" Er antwortete: „Uhh, ich weiß es nicht". Amma beantwortete die Frage für ihn. „Zu wissen, wer du bist und den anderen zu helfen. Sage dies fünfmal." So wiederholte er fünfmal: „Zu wissen wer ich bin und um anderen zu helfen." „Vergiss das niemals", sagte Amma sehr ernst. Er solle dies täglich fünfmal wiederholen, damit er immer daran denke.

Dies ist Dharma: zu wissen, wer wir sind und anderen zu helfen.

Meist wollen wir Dinge über die anderen wissen und selten fragen wir uns, wer wir sind. Wir suchen immer außen nach Antworten, nie innen. Aber auf unserer Reise durch das Leben geht es nur um dieses innere Nachfragen.

Wir sind hier um zu verstehen, wer wir wirklich sind und warum wir hier sind. Wenn wir bei Amma sitzen, wird sie uns eine Weile ihre Aufmerksamkeit schenken, aber das genügt nicht. Damit wir inneren Frieden wirklich erfahren können, brauchen wir die Gnade, unseren eigenen Geist kontrollieren zu können. Das ist die letztendliche Aufgabe, die wir meistern müssen und es ist auch die schwierigste.

Amma mag uns während einer gewissen Zeit zulächeln oder uns mit Liebe überschütten, was uns zeitweilige Glückseligkeit schenkt, aber das ist nicht das letzte Ziel. Das Ziel ist, immer in Glückseligkeit verankert zu sein. Dies verlangt, dass wir tief innen zur Quelle unseres Wesens vordringen. Viele junge Menschen wollen „sich selbst finden", aber sogar mit diesem Ziel vor Augen gehen sie meist in die falsche Richtung.

Es braucht einen extrem starken und mutigen Geist, diesen Pfad zum wahren Ziel zu gehen – das eigene wahre Selbst, das ewige Selbst, zu finden, das eins mit dem Göttlichen ist.

Ich erinnere mich an eine Sitzung in einem Workshop für Führungspersönlichkeiten. Viele waren gekommen, die Leiter sein wollten. Alle schienen sehr angeregt und wollten wissen, welches Geheimnis dahinter war. Der Gruppenleiter hörte nicht auf zu sprechen. Ehrlich gesagt, ich fand es recht langweilig. Was gesagt wurde, konnte mich nicht begeistern. Aber am Schluss sagte ein Teilnehmer: „Versucht herauszufinden, was eure Gabe an das Leben ist und versucht, Anderen damit zu dienen." Als ich das hörte, fand ich, dass diese Aussage es wert machte, dass ich die ganze Zeit in dieser Klasse gesessen hatte. Es rüttelte mich buchstäblich auf. Dies ist es, was unsere dharmische Rolle im Leben bedeutet. Herauszufinden, was unsere Gaben sind und sie für den Dienst an den Anderen einzusetzen. Das ist es, was viele große Führungspersönlichkeiten in dieser Welt getan haben. Es ist, was Ammas Leben ist. Als sie jung war, erkannte sie, dass sie eine Gabe hatte, die Menschen zu trösten. Sie gebrauchte ihr Leben genau dafür und folgte damit ihrem dharmischen Weg vollständig. So viele Menschen fragen Amma, was ihr eigenes Dharma sei. Welche Art Seva/Schule/Arbeit sie machen sollen. Das Wichtigste ist nicht, was wir tun, sondern eher, wie wir es tun. Es kommt auf unsere Haltung hinter der Handlung an. Unsere Arbeit sollte nicht festlegen, wer wir sind. Wichtig ist, einfach den Anderen zu dienen, wie immer wir können, indem wir unsere Talente nach bestem Können einsetzen.

Es ist leicht die Gnade des Göttlichen zu erwerben, aber ein durch und durch guter Mensch zu werden, ist sehr viel schwieriger. Es ist eine Riesenarbeit, immer das Richtige zu machen, nur selbstlose Handlungen zu tun, immer gut über die Anderen zu denken und das wilde Tier zu zähmen, das in unserem Geist wohnt. Das sollte uns nicht ängstigen; wir brauchen nicht Sklaven zu sein, die sich immer für die Anderen opfern. Es ist in Ordnung, dass wir zuerst für unsere eigenen Bedürfnisse sorgen. Denn schließlich braucht es eine unglaubliche Menge an dauernder Anstrengung, um ein authentischer Mensch zu werden. Es braucht einen heroischen Geist, um diese Großtat zu vollbringen.

Eine Devotee erzählt folgende Geschichte:

Meine beiden Eltern, die mich aufzogen, waren Alkoholiker. Ich kannte als Kind nur Gewalt, Drogen und Alkohol. Kaum zehnjährig begann ich zu trinken und kurz darauf war ich drogenabhängig. Bald trank und rauchte ich jede Nacht und behielt diese Gewohnheit beinahe 20 Jahre lang bei. Ich war völlig in meinen Abhängigkeiten verloren. Mehrmals versuchte ich aufzuhören, war aber nie stark genug. Ich war selbstsüchtig und verabscheute mich. Wohl fühlte ich mich nur, wenn ich ‚high‘ war. Nachdem ich zu Amma kam, änderte sich mein ganzes Leben. Ich spürte sofort eine Verbindung zu ihr und war von ihrer Liebe überwältigt. Ich wusste spontan, dass sie mehr von mir wollte, als mich selbst in Drogen und Alkohol zu verlieren. Ich gab beide Süchte in der gleichen Nacht auf, wo ich meinen ersten Darshan

erhielt und war seither immer ‚sauber'. Es
war so inspirierend zu beobachten, wie
sie allen Liebe und Zuneigung gibt. Sie
gab mir dir Kraft, meine zerstörerischen
Gewohnheiten aufzugeben und meine
Zeit dafür zu verwenden, um Anderen
zu helfen. Anstatt zu trinken, mache ich
abends nun Freiwilligendienst. Amma
hat mich auf den Weg zu wahrer Liebe
und innerem Frieden geführt.

Man kann selten ein inspirierendes Vorbild
finden. Kaum jemand verwirklicht in seinem
Leben die höchsten Absichten und vornehms-
ten Werte. Die Werte von Frieden, Liebe und
Mitgefühl können nicht nur auf Papier geschrie-
ben werden, wir müssen uns bemühen, sie in
unseren Handlungen zu leben. Es genügt nicht
zu denken, dass wir in der Zukunft große Dinge
tun wollen. Es ist jetzt, in der Gegenwart, dass
wir daran arbeiten müssen. Wir sollten unsere
Leben nicht vergeuden, indem wir planen, uns
in der Zukunft zu ändern. Wir haben so viele
Entschuldigungen dafür, dass wir jetzt gerade
nicht besser handeln. Meiden wir Entschuldigungen wie: ‚aber/wenn nur/wenn dies alles

sich ändert'. Amma sagt, dieses Leben ist keine Theaterprobe. Es ist…hier und jetzt.

Fordern wir uns heraus, nach den höchsten Idealen zu handeln (wir wissen, dass wir das sollten!), sonst verpassen wir unser Leben. Unsere Energie ist so schnell mit unproduktiven Dingen verbraucht. Es ist besser, zu dienen und zu helfen, so wie wir können. Wenn wir diese segensreiche Absicht aufrechterhalten können, gewinnen wir die Gnade unseres eigenen Geistes und finden den wahren Frieden, nach dem wir uns alle sehnen, in uns selbst.

Mitgefühl zu haben ist nicht so schwierig, wie wir denken mögen. Es ist unser Geburtsrecht und die rettende Gnade. Amma gewährt Kindern durch Schulstipendien kostenlose Erziehung. Dies ist an die Bedingung geknüpft, diese später zurückzahlen, indem sie ein anderes mittelloses Kind unterstützen. Amma schafft damit einen schönen Effekt, wo gute Dinge immer weiter wirken. Wir haben in unserem Leben so viele Segnungen erhalten; lasst uns unsere Dankbarkeit durch Dienen ausdrücken. Theoretisch ist Ammas Botschaft für uns sehr einfach: Bemüht euch, jedermann zu lieben und allen so zu dienen wie es uns möglich ist. Amma tut das mit jeder ihrer Handlungen, mit jedem Atemzug. Mit ein wenig Anstrengung, kombiniert mit Ammas Führung und Gnade, werden auch wir in uns selbst ihre enorme Liebe zur Verfügung haben.

Kapitel 18

Habt ein wenig Vertrauen

„Ihr seid nicht ein Tropfen im Ozean – ihr seid der ganze Ozean in einem Tropfen."

– Rumi

Bei Untersuchungen darüber, wer glücklicher ist – Menschen, die an eine höhere Macht glauben oder diejenigen, die überhaupt keinen Glauben haben – stellt sich immer heraus, dass Menschen mit einem Glauben mehr Freude an ihrem Leben haben. Niemand kann uns zum Glauben zwingen. Wir müssen ihn selbst in uns entwickeln. Wenn wir Glauben haben, volles Vertrauen in Gott oder den Guru, kann dieser Glaube durch niemand und nichts erschüttert werden. Wahrer Glaube ist nie wechselnd. Wir müssen auf unser Herz, Verstand und Intellekt hören, um Glauben zu entwickeln. Es braucht keine Anstrengung, er beginnt in uns zu wachsen, wenn wir auf dem Pfad der Liebe gehen.

Manchmal denken Menschen: „Oh, ich werde nicht blind glauben, dass Amma mein Guru ist. Ich werde sie fragen". Dann kommen sie während dem Darshan zu Amma und fragen: „Amma, bist du mein Guru?" Amma ist so bescheiden und mitfühlend, diese Eigenschaften fließen natürlicherweise aus ihr. Wenn wir sie also fragen, ob sie unser Guru ist, wird das nie zu einem Problem. Sie nimmt es nicht übel. Sie ist immer bereit, so tief auf unsere Ebene herunter zu kommen und sie wird liebevoll sagen: „Ja, ja Kind, ich bin dein Guru."

Amma ist der größte spirituelle Meister, den es je gegeben hat. Wenn wir unsere Bewusstheit und Unterscheidungskraft einsetzen, wird diese Wahrheit für uns klar. Schaut, beobachtet und fühlt ihre Macht. Sogar die Schwingungen, welche von ihr kommen, sind kraftvoll genug, um uns zu zeigen, wer sie wirklich ist. Bedenkt den Weg, wie sie ihr Leben gelebt hat. Sie kann uns unbedingt vom Dunkel zum Licht führen, aber unsere Mitwirkung und Bewusstheit muss auch da sein.

Einige können spontan die göttliche Gegenwart großer Seelen fühlen, weil sie eine spirituelle Grundlage haben, diese Dinge zu verstehen. Sie können sich leicht auf die Schwingung eines erleuchteten Meisters einstimmen. Andererseits haben viele diese Ebene noch nicht erreicht und sehen Amma einfach als nette Frau, die tolle Umarmungen gibt und ein erstaunliches Netzwerk an Wohltätigkeitseinrichtungen schafft. Aber letztlich macht es für Amma keinen Unterschied, was man über sie denkt oder sagt. Sie fließt einfach als mächtiger Fluss von Liebe in diese Welt und führt uns zurück in dieselbe Quelle, wenn uns daran liegt. Was wir mit diesem lebensspendenden Wasser tun, liegt völlig an uns – der Fluss fließt einfach.

Ein Satguru sieht Vergangenheit, Gegenwart und Zukunft. Wenn Amma uns anschaut, weiß sie alles über uns. Sie hat die Macht, sich wenn nötig in andere Dimensionen einzustimmen. Das heißt aber nicht, dass sie uns dank diesem Wissen beurteilt. Sie ist immer verstehend und mitfühlend.

Wenn wir Amma anblicken, können wir nicht länger als ein paar Sekunden die Vergangenheit erinnern, die Zukunft voraussehen oder sogar nur in der Gegenwart verweilen. Wir schauen sie an und fragen uns mit unseren begrenzten Fähigkeiten: „Kennt sie mich wirklich? Versteht sie alles, was los ist?" Ja, sie tut das, bezweifelt das überhaupt nicht. So viele wurden schon mit der direkten Erfahrung von Ammas Allwissenheit gesegnet.

Ammas Bruder hat als Teenager nie versucht, zu trinken oder zu rauchen. Eines Tages versuchte ein in der Nähe wohnender Freund, ihn zum Rauchen einer Zigarette zu verführen. Er wusste nicht, was er tun sollte. Er wusste, dass es falsch ist zu rauchen und wollte nicht, dass Amma spürte, dass er in Versuchung war, aber die Sache erregte ihn doch ein wenig. Der Freund schlug vor „wir wollen uns morgen hier treffen und ich werde eine Zigarette für dich mitbringen."

Als der Bruder am nächsten Morgen die Kühe melkte, kam Amma neben ihn und fragte: „Rauchst du?" Er war wie gelähmt und antwortete nicht. Amma fuhr weiter: „Ich weiß,

dass du nicht rauchst ... also tue es nicht!" Es war ein warnender Ton in ihrer Stimme, der ihn erschreckte. Zwar hatte er noch nicht zu rauchen versucht, plante jedoch, es an diesem Nachmittag zu versuchen. Er erkannte, dass Amma zu ihm kam, um ihn von Abwegen abzuhalten. Danach achtete er immer sorgfältig darauf, sich nicht schlecht zu verhalten oder in die falsche Richtung zu gehen.

Die meisten von Ammas Verwandten haben nicht mehr so oft Gelegenheit, Zeit mit ihr zu verbringen, wie früher, als sie Kinder waren. Amma kann sie lange nicht für ein Gespräch zu sich rufen und das stimmt sie traurig. Dieser gleiche Bruder denkt manchmal: „Ich tue nichts Falsches, deshalb ruft Amma mich nicht zu sich. Wenn ich einen Fehler machte, würde Amma mich rufen." Immer, wenn er den Gedanken hat etwas zu tun, womit Amma nicht einverstanden wäre, hat er die Taktik, Amma innerlich davon zu erzählen und anschließend dann seiner Frau. Eines Tages war er so frustriert, weil Amma ihn nicht rief, dass er sich entschloss, es mit dem Rauchen zu versuchen. Wie immer sagte er es innerlich zuerst Amma und informierte dann offen seine Frau über den Plan. Sie war überrascht, schwieg jedoch. Einen Augenblick später klingelte das Telefon. Er wollte, dass seine Frau das Gespräch annahm, aber sie weigerte sich. Da nahm er den Hörer selber ab. Es war Amma, die ihn anrief und ihn zu sich ins Zimmer rief. Obwohl er ja nur gedroht hatte, dass er rauchen werde, rief Amma ihn sofort an.

Das heißt nicht, dass wir mit schlechten Handlungen drohen sollten, um Ammas Aufmerksamkeit zu bewirken. Das Beispiel zeigt nur, wie viel sie versteht und um uns besorgt ist. Sie betet immer, dass wir uns gut verhalten. Es ist ihr einziger Wunsch, dass wir in der Richtung des Dharma auf dem Pfad zur Liebe gehen. Es gibt auf der ganzen Welt nirgendwo ein besseres Angebot, als zu ihren Lotusfüßen Zuflucht zu suchen. Schaut euch in aller Freiheit um – ihr werdet nirgendwo in dieser Schöpfung einen besseren Guru finden. Amma ist schweigender Zeuge von allem, gibt immerzu Gnade, Glückseligkeit und Liebe. Sie bietet so viel mehr an, als wir nur verstehen können. Unsere leibliche Mutter wird einige wenige Jahre für uns sorgen, aber Amma verspricht, bis ans Ende zurückzukehren und uns zum endgültigen Ziel der Befreiung unserer Leiden zu bringen. Sie wird uns nicht zwingen, sie wird einfach unsere Hand halten und uns auf dem Weg führen. Wenn wir zu zögern beginnen und es wirklich in unserem besten Interesse liegt, kann sie uns ein wenig vorwärts schubsen. Sie konfrontiert uns mit Dingen, die wir nicht wirklich sehen wollen, aber die Macht ihrer Liebe ist so groß, dass sie uns hilft, jede Herausforderung, die sich stellen könnte, zu überwinden.

Die Menschen sind durch so viele Erfahrungen in ihren Leben verwundet worden. Liebe kann mehr als alles in dieser Welt heilen. Das ist es, was Amma anbietet. Sie ist die Manifestation unseres eigenen wahren Selbst. Sie ist bereits voll und komplett. Sie will von niemandem etwas, Liebe oder Hingabe eingeschlossen. In Wahrheit sind wir es, die sie brauchen. Wir profitieren von unserem Vertrauen in Amma. Ihre Liebe und Führung werden nur Freude in unser Leben bringen. Jeder einzelne Devotee hat erstaunliche Geschichten von den Erfahrungen mit Amma, aber wir vergessen so schnell. Wir hören auf den wankelmütigen Geist und wankelmütige Leute. Wir denken: „Nein, Amma ist vielleicht doch nicht erleuchtet, sie bevorzugt gewisse Menschen, sie blickt mich überhaupt nicht an. Sie spricht immer nur zu jenem einen…!“ Oder wir haben andere dumme Gründe. Amma lässt sich nicht in die Dramen hineinziehen, die wir spielen, auch wenn es manchmal so scheint. Sie reagiert auf die verschiedenen Situationen und drückt verschiedene Gefühle aus wie Trauer oder Ärger, aber innerlich ist sie nicht davon berührt.

Amma ist vollständig im letztendlichen Verständnis verankert. Sie erfährt immer das Göttliche, das in jedem Atom dieser Schöpfung ist. Befreiung ist ein erhöhter Zustand des Geistes. Aus diesem Grund wird gesagt, dass wir einen Meister nie beurteilen sollten – sein Geist wirkt anders als unserer. Wenn wir anhalten und Amma objektiv beobachten, wird die Wahrheit augenscheinlich: Amma ist ganz einfach die Verkörperung reiner Liebe. Der Liebe kann man nicht entrinnen. Früher oder später müssen wir diese Wahrheit annehmen und selbst Verkörperung der Liebe werden.

Amma ist eine Botin der Liebe. Die Verwirklichung von reiner Macht und Selbstlosigkeit und ist dazu da, um uns aus der Dunkelheit zum Licht zu führen. Sie kam, um uns zu zeigen, wer wir wirklich sind.

Die Macht der Liebe ist wirklich die Antwort für alles. Das ist das Größte, was ich von Amma lernte.

www.ingramcontent.com/pod-product-compliance
Lightning Source LLC
Chambersburg PA
CBHW061826040426
42447CB00012B/2830